Roberto Simanowski
Digitale Revolution und Bildung

Roberto Simanowski

Digitale Revolution und Bildung

Für eine zukunftsfähige Medienkompetenz

Der Autor

Prof. Dr. Roberto Simanowski studierte Literatur- und Geschichtswissenschaft an der Friedrich-Schiller-Universität Jena. Seine Forschungsgebiete sind Postmodernismus, Multikulturalismus, Ästhetik und Kultur digitaler Medien. Seit 2018 lebt er als freier Autor und Publizist in Berlin und Rio de Janeiro und schreibt unter anderem für die ZEIT, die Neue Zürcher Zeitung und den Deutschlandfunk.

Dieses Buch ist erhältlich als:
ISBN 978-3-7799-6511-4 Print
ISBN 978-3-7799-5834-5 E-Book (PDF)

1. Auflage 2021

in der Verlagsgruppe Beltz · Weinheim Basel
Werderstraße 10, 69469 Weinheim

Herstellung und Satz: Ulrike Poppel
Druck und Bindung: Beltz Grafische Betriebe, Bad Langensalza
Printed in Germany

Weitere Informationen zu unseren Autor_innen und Titeln finden Sie unter:
www.beltz.de

Inhalt

Vorwort

Bald kursierte auf Twitter ein Vergleich der Börsenwerte von Zoom und den sieben größten Fluggesellschaften. Zoom kam auf 48,78 Milliarden US-Dollar, Southwest, Delta, United, IAG, Lufthansa, American Airlines und Air France-KLM zusammen auf 46,21. Es war Mitte Mai im Corona-Jahr 2020; Home-Office bestimmte den beruflichen Alltag, Home-Schooling den Schulbetrieb. Der Vorsprung des gerade einmal neunjährigen Tele-Konferenz-Unternehmens aus San Jose in Kalifornien vor den ehrenwerten Fluggesellschaften resultiert aus seinem anderen Verbindungsverfahren: Es fliegt nicht Menschen von A nach B, sondern bringt sie am Bildschirm zusammen. Was aus ökologischen Gründen schon vorher oft besser gewesen wäre, war in pandemischer Zeit zwingend. Zoom erwies sich als das Transportmedium der Stunde.

Das Virus ist die Hefe der Digitalisierung. Es bringt einen Digitalisierungsschub mit sich, von dem Telekommunikationsunternehmen wie Zoom oder Online-Shops wie Amazon vorher nur träumen konnten. Dieser Schub erfasst auch die Schulen, deren Digitalisierung trotz eines milliardenschweren Digitalpakts des Bildungsministeriums im Jahr 2016 bisher nur ansatzweise stattfand. Hängt das Wohlbefinden der Gesellschaft von der Einhaltung des pandemischen Mindestabstands ab, ist das Erste, was es zu lernen gilt, das Lernen und Lehren mit digitalen Mitteln. Vorrang hat dann nicht die Präsenzlehre im physischen Raum, sondern die Sicherstellung des Bildungsauftrags unter den Bedingungen der virologischen Vernunft: per Internet, Bildschirm und Lernprogrammen.

Covid-19 treibt die letzten Technikskeptiker an den Schulen in die Ecke. Der Widerstand gegen Online-Lernplattformen und digitale Tools – nicht nur als Ausdruck von Technikangst, sondern als Folge auch sozialer und pädagogischer Einwände – verliert im öffentlichen Diskurs seine moralische Berechtigung. Es ist die Stunde der großen und kleinen IT-Unternehmen, die schon seit Jahren auf den milliardenschweren Bildungsmarkt drängen.

Kein Wunder, dass es bald eine *Offensive Digitale Schultransformation* gab, getragen u.a. von der Gesellschaft für Informatik, dem Bundesverband Informationswirtschaft, Telekommunikation und neue Medien (Bitkom), dem Bundesverband Künstliche Intelligenz, dem Bundesverband IT-Mittelstand und dem Deutschen Lehrerverband.[1] Es erstaunt nicht, dass Bitkom sich für den Ausbau der digitalen Infrastruktur an Schulen einsetzt; Bitkom-Präsident Achim Berg hatte die Not (oder eben Gunst) der Stunde natürlich sofort erkannt und schon vorher verkündet: „Die Corona-bedingte Digitalisierung hat einen überfälligen Epochenwechsel in den Schulen eingeleitet. Das Rad dürfen wir nicht einfach zurückdrehen."[2] Ebenso wenig erstaunt, dass die Gesellschaft für Informatik die Gelegenheit nutzt, ihre alte Forderung nach einem Pflichtfach Informatik zu erneuern. Bemerkenswert ist jedoch, dass auch der Lehrerverband zu den Unterzeichnern gehört, der sich bisher solchen Digitalisierungsbestrebungen beharrlich verwehrt hatte: mit Blick auf ihren zweifelhaften pädagogischen Wert und die unbezweifelbaren Sekundärinteressen der Akteure.

Die *Offensive* hatte gute Argumente auf ihrer Seite: „Vielerorts mussten sowohl Lehrkräfte als auch viele Schüler*innen im Selbststudium einen Crash-Kurs in Sachen digitaler Bildung

---

1 *Offensive Digitale Schultransformation* vom 18.5.2020 (https://offensive-digitale-schultransformation.de).

2 Pressemitteilung „Bitkom zur Digitalisierung der Schulen nach Corona", 6.5.2020 (www.bitkom.org/Presse/Presseinformation/Bitkom-zur-Digitalisierung-der-Schulen-nach-Corona).

absolvieren. […] Häufig mangelt es an grundlegender digitaler Infrastruktur, passenden Online-Lernangeboten sowie dem notwendigen Know-how bei Lehrkräften, um kurzfristig den Unterricht in einen ‚virtuellen Klassenraum' zu verlagern." In der Tat, es ist beklagenswert, wenn die Schulen wegen mangelnder Ausstattung und Ausbildung in einem Notfall wie diesem ihrem Bildungsauftrag kaum nachkommen können. Stutzig an der *Offensive* macht allerdings, dass der Notfall gar nicht mehr als das Problem erscheint, das es zu lösen gilt, sondern als Anlass, die Praxis des Fernunterrichts auch in postpandemischer Zeit zu installieren.

Die Begründung dafür ist in zweifacher Hinsicht fragwürdig. Zum einen lasse sich auf diese Weise „Unterrichtsausfall aufgrund fehlender Lehrkräfte und Räume" abmildern, was nichts anderes hieße, als das Problem des Personalmangels technisch zu lösen beziehungsweise noch zu verschärfen, wenn die Kosten für Hardware und Systemadministratoren Mittel binden, die für die Lehrkräfteaufstockung nötig wären. Zum anderen leiste der Einsatz digitaler Medien und Plattformen „einen wichtigen Beitrag dazu, die heutige Schülergeneration auf die Herausforderungen der heute zunehmend digitalen Arbeitswelt und des lebenslangen Lernens rechtzeitig vorzubereiten." Wird digitale Bildung, wie der Fernunterricht nun euphemistisch heißt, als Antwort nicht auf das Virus, sondern auf die Digitalisierung gedacht, wechselt freilich der Diskurszusammenhang. Es geht dann nicht um den Fortbestand der Bildung in Zeiten der Pandemie oder des Personalmangels. Es geht dann um die Antwort der Bildung auf die Transformationsprozesse der Digitalisierung. Was auf den ersten Blick plausibel erscheint, klingt bei genauerem Hinhören ziemlich absurd. Warum sollte Fernunterricht oder der Einsatz digitaler Unterrichtsmittel besonders geeignet sein, auf die Herausforderungen der Digitalisierung vorzubereiten? Das wäre nur dann nachvollziehbar, wollte man die Herausforderungen auf die Bedürfnisse der digitalen Arbeitswelt reduzieren. Und selbst dann wäre weniger der Fernunterricht die Lösung als das Fach Informatik.

Mit dem Schlachtruf „Wenn nicht jetzt, wann sonst!“ wird Covid-19 zum Anlass, den Distanzunterricht, der aus pädagogischer und bildungspolitischer Perspektive immer nur die zweitbeste Lösung sein kann, in den Rang des Testsiegers zu heben. Das jedenfalls ist der Eindruck, den diese Offensive für eine digitale Schultransformation hinterlässt. Gegen ein solches Ziel richtet sich eine andere Offensive, von Hochschullehrerinnen und Hochschullehrern zur Verteidigung der Präsenzlehre: „Corona sollte nicht zu einer nachgereichten Begründung für Entwicklungen in der Lehre werden, die vor Corona offen und kritisch diskutiert wurden.“[3] Der Denkfehler der *Offensive* liegt in einer ungenauen Analogiebildung. Natürlich ist das Festhalten an virtuellen Meetings auch nach Corona sinnvoll, wenn es um Geschäftsreisen geht, deren ökologischer Fußabdruck schon vor Corona problematisiert wurde. Aber sollte man auch nach Corona Unterrichtsformen favorisieren, die sich während Corona als Notlösung bewährten? Nach dieser Logik müsste man ja auch am Take-out-Modell festhalten, wenn der Restaurantbetrieb wieder ungehindert möglich ist, und nie mehr anderswo einkaufen als im Internet.

Zur Verteidigung der *Offensive* ist zweierlei zu sagen: Erstens muss durchaus mit der Permanenz des Ausnahmezustands gerechnet werden, zumindest aber damit, dass es auch künftig Pandemien geben wird, auf die der Schulbetrieb dann besser vorbereitet sein sollte. Insofern ist es unerlässlich, dass die Schulen technisch aufrüsten und sich durch entsprechende Unterrichtskonzepte in die Lage versetzen, problemlos in den Modus eines anspruchsvollen Distanzunterrichts wechseln zu können. Zweitens geht es der *Offensive Digitale Schultransformation* nicht

3 Offener Brief: Zur Verteidigung der Präsenzlehre (www.praesenzlehre.com).

allein um die Verlagerung des Unterrichts an den Bildschirm, sondern auch um die Einführung eines verpflichtenden Informatikunterrichts. Damit ändert sich entschieden der Blick auf die Rolle der digitalen Medien in der Schule: Sie werden dann nicht mehr nur als Methode des Fernunterrichts angesprochen, sondern auch als Gegenstand des Unterrichts, der durchaus im Präsenzmodus erfolgen kann. Das Ziel *dieser* Schultransformation ist nicht die Aufrechterhaltung des Schulbetriebs unter erschwerten Bedingungen, sondern die Vermittlung „informatischer Grundlagen, um anwendungsbezogene, technische und gesellschaftliche Perspektiven digitaler Technologien einschätzen zu können".

Diese schwammige Formulierung wurde ohne Zweifel mit großer Sorgfalt gewählt, um diskurstechnisch nach allen Seiten anschlussfähig zu bleiben. Denn die erwähnten Perspektiven weisen in der Umsetzung in völlig unterschiedliche Richtungen: auf einen pragmatischen, einen mathematischen und einen kulturphilosophischen Ansatz. Völlig zu Recht, mag man sagen. Informatik muss sich ja keineswegs auf das Programmieren und den Umgang mit Information mittels digitaler Medien beschränken. Thema könnte ebenso der veränderte Umgang mit Information unter den Bedingungen der Digitalisierung sein, wenn Information zum Beispiel nicht mehr durch die konzentrierte Lektüre eines Buches angeeignet wird, sondern mittels Suchmaschine und im Modus des Multitasking und Hyper-Reading. Ferner könnte eine kulturphilosophisch ausgerichtete Informatik den Welt- und Selbstbezug vergleichen, der sich ergibt, wenn Erlebnisse nicht mehr nachträglich im Tagebuch notiert, sondern in Echtzeit mit den Freunden des sozialen Netzwerkes geteilt werden, wenn also die objektive Information des Fotos die subjektive des Textes ersetzt. Oder man diskutiert die neuen Geschäftsmodelle mit Information, die (bei Facebook) auf dem Handel mit Personendaten basieren oder (bei Uber und Airbnb) global Interaktionen in allen Teilen der Welt organisieren und standardisieren. All das und mehr könnte Gegenstand eines

Fachs Informatik sein unter dem Stichwort „gesellschaftliche Perspektiven digitaler Technologien“. Wie unwahrscheinlich eine solche Ausrichtung ist, zeigt nicht nur die Erfahrung, sondern auch der weitere Wortlaut der *Offensive*, die eine Gleichstellung der Informatik nicht etwa mit Fächern zu Kultur und Gesellschaft fordert, sondern mit anderen MINT-Fächern (neben der Informatik Mathematik, Naturwissenschaft und Technik).

Ganz gleich wie die Reflexion des Gesellschaftlichen der Digitalisierung im Informatikunterricht gewichtet wird, insofern die *Offensive* diese Zielsetzung enthält, bleibt sie anschlussfähig auch für die hier vertretene Position: für eine „digitale Bildung“, die sich weder darauf beschränkt, digital zu operieren, noch darauf, den Umgang mit digitalen Medien zu üben, sondern auch die „kulturstiftende Funktion“ (so ein Fachbegriff der Medienwissenschaft) der digitalen Medien reflektiert. Nehmen wir die *Offensive* beim Wort, zielt sie durchaus auf das, was Bildungswissenschaftler seit langem unter dem Motto eines „nicht-funktionalistischen Bildungsverständnisses“ und einer „kritisch-reflexiven Medienpädagogik“ fordern.[4] Eine solche Medienbildung verlässt den Rahmen anwendungsbezogener Medienkompetenz und untersucht die gesellschaftlichen Folgen des technischen Fortschritts. Sie fragt nicht affirmativ-pragmatisch: Wie kann ich die neuen Medien effektiv und sicher nutzen? Sie fragt kritisch-reflexiv: Was machen die Medien mit uns?

Diese Frage erwartet von digitaler Bildung mehr als Fernunterricht oder Ausbildung für die „digitale Arbeitswelt“, wie die *Offensive* fordert. Die Reflexion des Digitalen setzt auch keine Digitalisierung des Unterrichts voraus, es reicht die Erfahrung mit den digitalen Medien, die man bei den meisten Schüler/innen voraussetzen kann. Dieser Medienbildung geht es nicht nur da-

---

4 Stellvertretend dazu Harald Gapski, Monika Oberle, Walter Staufer (Hg.): *Medienkompetenz. Herausforderung für Politik, politische Bildung und Medienbildung*, Bonn 2017.

rum, wie Google und Facebook funktionieren, wie man mit Cybermobbing umgeht, sich vor Dark Patterns schützt oder einen Algorithmus programmiert. Sie diskutiert auch die politische Ökonomie der Dark Patterns, den anderen Umgang der Menschen mit sich und der Welt durch Google und Facebook sowie die Veränderung der Gesellschaft durch die Macht der Algorithmen. Sie bedient, mit anderen Worten, den Kompetenzbegriff in seiner Differenzierung als Fach-, Methoden-, Selbst- und Sozialkompetenz.

Der Fokus dieser Medienbildung zielt nicht auf die Regeln, sondern Folgen der digitalen Medien, auf Medien*reflexion*skompetenz statt Medien*nutzung*skompetenz. Wie sich beide zueinander verhalten, warum die Reflexionskompetenz gesellschaftspolitisch so wichtig ist und warum sie bildungspolitisch bisher so vernachlässigt wurde, davon handelt dieses Buch.[5]

---

5 Der vorliegende Text schließt an Überlegungen in meiner Studie *Stumme Medien. Vom Verschwinden der Computer in Bildung und Gesellschaft* (Berlin 2018) an und greift Passagen auf, die zuvor in den Aufsätzen „Traffic Cops and Media Education" (Simanowski: *The Death Algorithm and Other Digital Dilemmas*, Cambridge, MA, London 2018, S. 63–73) und „Medienbildung als Verkehrsunterricht? Warum Lehrer Kriminalpolizisten sein müssen" (*Jahrbuch Schulleitung*, Köln 2019, S. 307–315) erschienen sind.

1 Kreidezeit

Schaut man sich die Praxis der Medienbildung in deutschen Schulen an, ergibt sich leicht der Eindruck, dass sie personell und metaphorisch fest in den Händen der Polizei liegt. Die Polizei schaltet Videos gegen das Texting im Straßenverkehr, berichtet auf ihrer Website über Phishing, Scamming, Trojaner, Ransomware, Cybermobbing oder Sexting und kommt in die Schulen, um aufzuklären über Sicherheit im Datenverkehr, das Suchtpotenzial von Computerspielen, das Verbot illegaler Downloads sowie die Vermeidung pornographischer und gewaltverherrlichender Inhalte. Auch wenn es dabei zugleich um Internetkriminalität geht und das Handbuch *Sicherer Umgang mit Internet, Handy und Computerspielen. Im Netz der Neuen Medien* von der Polizeilichen Kriminalprävention herausgegeben wird: Das Modell dieser Art von Medienbildung ist ganz klar verkehrspolizeilich bestimmt. Ziel ist die Vermittlung von Umgangsregeln, um Unfälle im Bereich des Digitalen zu vermeiden.[6]

Den verkehrspolizeilichen Geist dieses Ansatzes bezeugen die Zertifikate, die es dafür je nach Bundesland und Schultyp gibt: „Surfschein“, „Medienführerschein“, „Computerführerschein“.[7] Als Namenspate darf man den „Europäischen Computer-Führerschein“ (European Computer Driving Licence) vermuten, der seit 1995 vom CEPIS (Council of European Professional Informatics

---

6 www.polizei-beratung.de/themen-und-tipps/gefahren-im-internet; *Sicherer Umgang mit Internet, Handy und Computerspielen. Im Netz der Neuen Medien*, hg. v. Programm Polizeiliche Kriminalprävention der Länder und des Bundes, Stuttgart 2016 (5., aktualisierte Auflage) (www.polizei-beratung.de/medienangebot.html).

7 www.internet-abc.de/kinder/lernen-schule/surfschein; www.medienfuehrerschein.bayern.de; www.medienführerschein.de; www.medienpass.nrw.de.

Societies) für Fertigkeiten im Umgang mit Computeranwendungen vergeben wird. Die Macht der Metapher zeigt sich, wenn Texte über die Chancen und Risiken der sozialen Medien Titel wie „Webhelm“ oder „Gurtpflicht im Cyberraum“ tragen, wenn die Erweiterung des Informatikunterrichts durch Medienerziehung mit der Überschrift „Medienbildung auf der Überholspur“ beworben wird und wenn das Grundlagenwerk der deutschen Medienpädagogik verkündet: „Auf der Datenautobahn werden wir bald alle fahren“.[8] Das didaktische Potenzial dieser Metapher ist unverkennbar, wenn den Grundschülern das Internet als Straßennetz vorgestellt wird, die E-Mails als Taxis und der Link als Haustür, an die man nur klopfen sollte, wenn man weiß, wer dahinter wohnt.[9] Aber lässt sich Medienbildung für die digitale Gesellschaft tatsächlich auf diese Weise fassen?

Der passende Begriff für den verkehrspolizeilichen Ansatz ist weniger Medien*bildung* als Medien*kunde* oder Medien*kompetenz* im herkömmlichen Verständnis: als handlungsorientiertes Nutzungs- beziehungsweise zweckrationales Verfügungswissen.[10] Das

---

8 „Webhelm – kompetent online / Materialien für pädagogische Fachkräfte“, hg. v. Jugend Film Fernsehen e.V., München 2018; Axel Jancke: „Gurtpflicht im Cyberraum“, in: Erik Bettermann und Ronald Grätz (Hg.): *Digitale Herausforderungen. Internationale Beziehungen in Zeiten von Web 2.0*, Göttingen 2012, S. 171–176; Anton Reiter: „Medienbildung auf der Überholspur. Ein Ersatz für die informatische Bildung?“ in: *25 Jahre Schulinformatik in Österreich. Zukunft mit Herkunft*. Tagungsband, hg. v. Gerhard Brandhofer u.a., Wien 2010, S. 74–99; Dieter Baacke: *Medienpädagogik. Grundlagen der Medienkommunikation*, Tübingen 1997, S. 96.

9 *Medienkompass 1*, hg. v. der Schweizer interkantonalen Lehrmittelzentrale, Zürich 2008, S. 24f.

10 Nach der Debatte zum Begriff der Medienkompetenz in der Zeitschrift für Medienpädagogik *merz* im Jahr 2009 lassen sich Medienbildung und Medienkompetenz nicht per se antithetisch gegenüberstellen. Medienkompetenz wird längst nicht mehr nur als handlungsorientiertes Teilziel einer auf Reflexion von Medialität ausgerichteten Medienbildung verstanden, sondern enthält zum Teil selbst das für Medienbildung maßgebende Orientierungs- und Strukturwissen (merz 05/2009; vgl. die Folge-

Wissen, das eine solche Medienbildung vermittelt, drückt sich in ebenso richtigen wie banalen Sätzen aus: „Wichtige Daten von einem Computer sollten von Zeit zu Zeit auf einem externen Speicher gesichert werden, damit sie nicht beschädigt werden können, falls der Computer einmal von einem Virus befallen wird."[11] Es ist ein Wissen, das inzwischen vorausgesetzt werden kann und längst seine Halbwertszeit überschritten hat, da Daten oft gar nicht mehr im Computer lagern, sondern in der Cloud. Heute wäre eher darauf hinzuweisen, dass die Anbieter kostenloser Apps ihr Geld damit verdienen, Daten ihrer Nutzer zu sammeln und zu verkaufen. Das wäre freilich nicht nur ein Informationsupdate, sondern zugleich ein Perspektivenwechsel: vom Nutzungs- und Verfügungswissen zur Reflexion der gesellschaftlichen Folgen der Digitalisierung, die in diesem Falle unter dem Begriff des „Überwachungskapitalismus" vehement kritisiert werden.[12]

Um bei der Metapher zu bleiben: Beim Nutzungs- und Verfügungswissen geht es lediglich um *street smart*, um Wissen darüber, wie man mit schwierigen und gefährlichen Situationen umgeht. Das schließt die subversive Bedeutungsvariante der Metapher nicht aus, denn viele Benutzer der Datenautobahn wollen vor allem wissen, wie man straffrei gegen die Verkehrsregeln verstoßen und illegal Filme oder Musik herunterladen kann. Gleichwohl

---

diskussion in Heinz Moser, Petra Grell, Horst Niesyto (Hg.): *Medienbildung und Medienkompetenz. Beiträge zu Schlüsselbegriffen der Medienpädagogik*, München 2011). Die hier benutzte Bezeichnung Medienreflexionskompetenz als Gegenstück zu Mediennutzungskompetenz trägt dieser begrifflichen Verschiebung Rechnung. Wenn im Folgenden Medienbildung gegen Medienkompetenz in Stellung gebracht wird, ist immer ein enger, auf handlungsorientiertes Nutzungs- beziehungsweise zweckrationales Verfügungswissen ausgerichteter Kompetenzbegriff gemeint.

11 Gerhard Tulodziecki, Bardo Herzig, Silke Grafe: *Medienbildung in Schule und Unterricht*, Bad Heilbrunn 2010, S. 38f.

12 Shoshana Zuboff: *Das Zeitalter des Überwachungskapitalismus*, Frankfurt am Main 2018.

ist klar: Dieser Ansatz zielt nicht auf eine theoretisch-philosophische Durchdringung der Folgen der Digitalisierung. Er schreitet nicht voran von der Frage „Wie können wir die digitalen Medien effektiv und sicher nutzen?“ zur Frage „Wie ändern die digitalen Medien die Gesellschaft und was soll man davon halten?“.

Die verkehrspolizeiliche Metapher hat durchaus die Geschichte auf ihrer Seite. Das Internet wurde als Autobahn der Daten in das gesellschaftliche Bewusstsein eingeführt. „Datenhighway“ hieß es bei Bill Clinton und Al Gore vor einem Vierteljahrhundert, „elektronische Super-Autobahn“ nannte 20 Jahre zuvor Nam June Paik – der aus Südkorea stammende, in Deutschland lebende Vater der Medienkunst – das Telekommunikationsnetz der Zukunft.[13] Zu den bizarren Folgen dieser Sicht auf digitale Medien im Geist des Straßennetzes gehört, dass der Preis für pädagogisch wertvolle Computerspiele in Deutschland vom Verkehrsminister vergeben wird; nicht, weil dieser sich mit Spielen oder Pädagogik besonders gut auskennen würde, sondern weil Computerspiele als Teil der „digitalen Infrastruktur“ ebenso in sein Ressort fallen wie Breitbandausbau und Frequenzpolitik.

Diese Sonderlichkeit ist die anekdotische Begleiterscheinung des tieferliegenden Irrtums, Medienbildung verkehrspolizeilichen und -logistischen Erwägungen unterstellen zu können. Das deutsche Bundesministerium für Bildung und Forschung begreift Medienbildung vor allem als Infrastrukturmaßnahme und sieht seine vorrangige Aufgabe in der „Verkehrsanbindung“ der Schulen ans Internet. Mit dieser Absicht gründete es 1996 gemeinsam mit der Deutschen Telekom den Verein *Schulen ans Netz* zur Ausstattung

---

13 Nam June Paik: „Medienplanung für das nachindustrielle Zeitalter – Bis zum 21. Jahrhundert sind es nur noch 26 Jahre“, in: *Nam June Paik. Werke 1946–1976. Musik – Fluxus – Video*, hg. v. Kölnischer Kunstverein, Köln 1976, englische Fassung in: *Electronic Super Highway. Travels with Nam June Paik*, New York: Holly Solomon Gallery und Hyundai Gallery 1996. Für Auszüge vgl. www.medienkunstnetz.de/quellentext/33.

deutscher Schulen mit kostenlosem Internetzugang.[14] Auch die fünf Milliarden Euro, die das Bildungsministerium im Oktober 2016 unter dem Titel „Digitalpakt Schule“ den 40 000 Schulen in Deutschland für Investitionen in Breitband, Soft- und Hardware versprach, zielen vor allem auf Verkehrsplanung: in diesem Falle weniger auf moderne Straßen als auf moderne Fahrzeuge, wozu neben Computern auch entsprechende Unterrichtsmethoden als Vehikel der Wissensvermittlung zählen. Laut Bildungsministerin gilt dabei das „Primat der Pädagogik“, das heißt: der aus pädagogischer Sicht sinnvolle Einsatz digitaler Medien.[15] Die Vorfahrt dieses Primats vor den Interessen der IT-Monopole (die ‚Autolobby‘ der Medienbildung) ist allerdings zweifelhaft, wenn die Bundesregierung den Digitalpakt mit der Losung bewirbt: „Einmaleins und ABC nur noch mit PC“.[16]

Die Aufrüstung der Schulen mit Internet und Computer wird gern als „digitale Bildungsrevolution“ beworben. Diese begriffliche Aufblähung führt ins ferne Australien, das 2008 unter der Losung „Digital Education Revolution“ begann, Schulen mit Internet und Mittelstufenschüler mit Laptops auszustatten. Wie bei vielen Revolutionen wird auch in dieser „Bildungsrevolution“ zum Teil wild um sich geschossen. Dabei ist zu bezweifeln, dass man heute mehr weiß als 1789, wohin die Reise gehen soll und was man (jenseits einer Pandemie) eigentlich anfangen will mit

---

14 2012 stellte der Verein den Geschäftsbetrieb ein, da das Gründungsziel erreicht war. In der Schweiz rief die Swisscom mit dem gleichen Ziel 2002 die Initiative *Schulen ans Internet* ins Leben; hier kam die Vollzugsmeldung bereits 5 Jahre später.

15 „Bildungsoffensive für die digitale Wissensgesellschaft. Strategie des Bundesministeriums für Bildung und Forschung“, S. 3 und 13, Oktober 2016 (www.bmbf.de/files/Bildungsoffensive_fuer_die_digitale_Wissensgesellschaft.pdf).

16 „Einmaleins und ABC nur noch mit PC“, 12.10.2016 (www.bundesregierung.de/Content/DE/Artikel/2016/10/2016-10-12-digitalpakt-wanka.html).

all dem Internet im Klassenzimmer. Weder ist geklärt, wer die Zukunftskosten des digitalen Fuhrparks trägt, noch sind die Lehrer vom pädagogischen Sinn der verordneten Umwälzung überzeugt. In einer Revolution ist es freilich gefährlich, gegen die Revolution zu sein. Das gilt selbst für die Revolutionäre der ersten Stunde, wie Literaturlehrer mit Georg Büchners Drama „Dantons Tod“ bezeugen können. So wie in der jakobinischen Phase der Französischen Revolution Menschen mit einem Taschentuch Gefahr liefen, als Aristokrat auf der Guillotine zu landen, so stehen nun erprobte Lehrmethoden und Kommunikationsformen schon deswegen als „Bewahrpädagogik“ unter Beschuss, weil sie sich nicht blind dem Neuen anschließen.

Das Argument der Revolutionäre wirkt zunächst plausibel: Die Schule muss realitätsnah operieren, sie kann die Jugend nicht mit den Werkzeugen der Vergangenheit auf die Zukunft vorbereiten. Den unterstellten Anachronismus illustriert man dabei gern mit einer doppelsinnigen Kurzformel: „Ende der Kreidezeit“. Ein cleverer Spruch, der deswegen aber noch nicht richtig ist: Alter ist auch dann, wenn es um Unterrichtsmittel geht, so wenig eine Schande wie Jugend eine Tugend. Wer im Geschichtsunterricht über die Große Oktoberrevolution nicht geschlafen oder ‚gewhatsappt‘ hat, sollte dagegen gewappnet sein, im Neuen per se das Bessere zu sehen. Gewappnet ist auch, wer sich für die Interna der Tech-Welt interessiert und weiß, dass IT-CEOs im Silicon Valley ihre Kinder gern in technologiefreie Waldorfschulen stecken.[17] Bevorzugen die IT-Gurus also Kreide? Welche Risiken ihrer Produkte verschweigen diese Eltern ihren Kunden?

Dem erdgeschichtlichen Diktum des Fortschritts von der Krei-

---

17 Matt Richtel: „A Silicon Valley School That Doesn’t Compute“, in: *New York Times* am 22.10.2011 (www.nytimes.com/2011/10/23/technology/at-waldorf-school-in-silicon -valley-technology-can-wait.html); Nick Bilton: „Steve Jobs Was a Low-Tech Parent“ in: *New York Times* am 10.9.2014 (www.nytimes.com/2014/09/11/fashion/steve-jobs-apple-was-a-low-tech-parent.html?_r=0)

dezeit zum digitalen Zeitalter steht die mediengeschichtliche Konzipierung der Erziehungsstadien gegenüber. Demnach sollen Heranwachsende den Kommunikationsmedien in der Reihenfolge ihres historischen Auftretens begegnen: also zuerst sprechen, singen und malen lernen, dann das Lesen, dann das Fotografieren, bevor sie sich den elektronischen und digitalen Medien zuwenden. Abgesehen davon, dass die individuelle Imitation der Medienentwicklung in authentischer Umgebung kaum umsetzbar ist, ließe sich einwenden, dass der Computer eine Verwandlungsmaschine ist und wahlweise sowohl als Buch und Kamera wie auch als Radio und Fernseher fungiert. Könnte man also nicht gleich im Kindergarten mit dem Computer beginnen? Nein, denn die Verwandlungsmaschine Computer verändert entschieden die Medien, die sie imitiert. Der Text am Computerbildschirm ist nicht das digitale Pendant seines gedruckten Zwillings, sondern ein völlig anderes Wesen, ausgesetzt in feindlicher Umgebung, deren technische und soziale Bedingungen – Interaktion, Hyperlink, Multitasking – mit ihrem Modus der Hyper-Attention und Hyper-Stimulation entschieden der Lesekultur des Buches widersprechen. Ebenso nimmt das digitale Foto einen „postfotografischen" Status an, weil die Modifikations- und Manipulationsmöglichkeiten per Software seinen Dokumentarwert unterminieren. Selbst Audio- und Videoaufnahmen sind seit der Entwicklung von *Deepfake*-Techniken keine verlässlichen Referenzobjekte mehr. Das analoge Medium ändert sich in seiner digitalen Kopie, was sehr dafür spricht, die Erstbegegnung mit ihm außerhalb des Computers zu organisieren.

Im Grunde ist es eher absurd als plausibel, dass man umso mehr auf digitale Medien im Unterricht umstellen soll, je mehr diese den außerschulischen Raum bestimmen. Ohne Frage, die Aufgabe der Schule besteht darin, die Jugend zur Mitgestaltung der künftigen Gesellschaft zu befähigen. Aber das muss nicht heißen, radikal die Kreide durch den Computer zu ersetzen und das ABC nur noch am PC zu üben. Sonst hätte man nach der Erfindung moderner Fortbewegungsmittel auch Fluglinien zwischen Nachbardörfern einrichten müssen. Vielmehr haben jedoch, um bei den Verkehrsmitteln zu bleiben, die Auswüchse der Autogesellschaft schließlich dazu geführt, durch die Schaffung von Fahrradspuren und Fußgängerzonen frühere Bewegungsformen zu stärken. Wäre es vergleichbar dazu nicht eher geraten, den digitalen Smog in den Köpfen der Schüler zu reduzieren statt nun auch Klassenraum und Lernmaterial der Digitalisierung zu unterstellen?

Betrachtet man solch problematische Folgen digitaler Kommunikationsformen wie Hassreden, Falschnachrichten und Verschwörungstheorien, ist zu bezweifeln, dass der Wechsel von der Kreide zum Keyboard die Schüler schon ausreichend auf die Herausforderungen der Digitalisierung vorbereitet. Wenn die Gesellschaft auseinanderzubrechen droht, wie manche angesichts dieser Entwicklungen befürchten, kommt es nicht auf die Entwicklung technologiegesättigter Unterrichtsformen an, sondern auf die Förderung einer zukunftsfähigen Diskussionskultur. Genau dies war die Forderung der Amadeu Antonio Stiftung, die sich der Stärkung einer demokratischen Zivilgesellschaft verschreibt, 2020 auf der re:publika, der größten deutschen Konferenz zu Internet und digitaler Gesellschaft. Angesichts von Hassreden und Verschwörungstheorien im Internet gehe es vor allem um die Übung von „Kritikfähigkeit", und zwar im doppelten Sinne: Man muss lernen, Kritik fundiert und sachlich zu üben, und man muss lernen, Kritik auszuhalten, also nicht Personen, sondern deren Ansichten zu kritisieren und erfahrene Kritik selbst dann nicht als persönlichen Angriff zu verstehen, wenn sie so gemeint war. Entscheidend sei, der Verlockung simpler Antworten auf komplexe Fragen zu widerstehen. Entscheidend sei, der naiven Dichotomie von ‚gut' und ‚böse' zu entkommen und eine entsprechende „Ambiguitätstoleranz" zu entwickeln.[18]

---

18 www.youtube.com/watch?v=CoB8ZUG3O7k (5:30:00–5:55:30, hier: 5:50:00ff.)

Wo ist der Platz in der Schule für dieses Unterrichtsziel? In der Informatik als Befähigung einer angemessenen, selbstkritischen und ambiguitätstoleranten Verarbeitung von Information? In den anderen MINT-Fächern, die den Lobbyisten der digitalen Bildung so am Herzen liegen? Oder doch eher im Literaturunterricht, der bei manchen dieser Lobbyisten fast als verzichtbar gilt? Immerhin lernt man hier, verschiedene Perspektiven auf einen Text und ein Thema zu entwickeln, man streitet über die Interpretation eines Symbols oder einer Metapher, man wird mit divergenten Lebensentwürfen und kulturellen Werten konfrontiert. Die Moral des Literaturunterrichts – *The Ethics of Reading*, wie ein entsprechendes Buch vor mehr als drei Jahrzehnten hieß[19] – liegt in der Sensibilisierung für die Ambivalenz von Sprache und die Vielfalt von Lebensentwürfen. Der Literaturunterricht vermittelt genau jene Horizonterweiterung und Reflexionskonditionierung, die im zwischenmenschlichen Umgang heute nicht nur online so schmerzhaft vermisst wird. Er therapiert das *hyper reading* der digitalen Medien mit dem *close reading*, das einst als Lehrmethode gerade gegen das oberflächliche Verstehen sowie den menschlichen Impuls unkritischer Identifikation und vorschneller Ablehnung entwickelt wurde.[20] Eine willkommene Folge des close reading ist das geduldige Zuhören, das in einer Zeit/einem Medium, in der/dem alle gehört werden wollen, aber niemand mehr richtig zuhören kann, eine nicht minder wichtige Aufgabe der Daseinsfürsorge darstellt: als „Mitsein für den Anderen", wie Heidegger das Hören einst charakterisierte, oder als „Resonanz" im Sinne einer responsiven Weltbeziehung, wie neuere Sozialtheorien das nennen.[21]

---

19 J. Hillis Miller: *The Ethics of Reading. Kant, De Man, Eliot, Trollope, James, and Benjamin*, New York 1986.

20 Vgl. das Gründungsdokument des *close reading* und New Criticism, I. A. Richards' rezeptionsempirische Studie *Practical Criticism: A Study of Literary Judgment* aus dem Jahr 1929 (London, New York 2001, v.a. S. 16f.).

21 Martin Heidegger: *Sein und Zeit*, in: ders., Gesamtausgabe, Bd. 2, hg. v.

Das soll nicht heißen, dass die Rettung allein im Literaturunterricht liegt. Zum einen wäre ein Literaturunterricht, der eher auf Inhaltsangaben und Versformen aus ist, kaum hilfreich, zum anderen können audio-visuelle ‚Texte' ebenso informativ und anspruchsvoll sein, wenn es um Diversität und Deutung geht. Darüber hinaus empfiehlt sich close reading und aufmerksames Zuhören für alle Fächer, in denen es um das Denken und Handeln der Menschen geht, darum, unvertraute, unverständliche und befremdliche Positionen aus ihren historischen, kulturellen und sozialen Konstitutionsbedingungen heraus zu verstehen. Worauf es am Ende ankommt, ist weniger die Methode des close reading als das ihm verwandte Konzept des „schwachen Denkens": ein Denken, das sich selbst gegenüber skeptisch ist, weil es seine spezifische Konditionierung mitbedenkt, und antifundamentalistisch, weil es seine eigenen Fundamente in Frage stellt; ein Denken, das offen ist für Gegenpositionen und Kritik, ambiguitätstolerant, pluralistisch und ironisch; ein Denken also, das immer auf der Suche bleibt und nie sich selbst als unumgängliche Wahrheit setzt.[22] Es ist ein postmodernes Denken, denn Relativität der Wahrheit, Misstrauen gegenüber den eigenen Wertvorstellungen, Multiperspektivität, das sind die Kennzeichen der philosophischen Postmoderne – die spätestens seit dem 11. September 2001, als der Kontrollverlust ins Unerträgliche wuchs, in Misskredit gerieten. Es gibt ein neu erwachtes „Bedürfnis nach

---

F.-W. von Hermann, Frankfurt am Main 1976, S. 217; Hartmut Rosa: *Resonanz: Eine Soziologie der Weltbeziehung*, Berlin 2016.

22 Gianni Vattimo: „Ideologie oder Ethik. Von Marx zum schwachen Denken", in: *Information Philosophie*, Oktober 1988, S. 5–13. Mit ähnlichen Argumenten, wie Vattimo sie für das „schwache Denken" einsetzt, begründet Richard Rorty die Position der „Ironikerin" („eine Person, die der Tatsache ins Gesicht sieht, dass ihre zentralen Überzeugungen und Bedürfnisse kontingent sind") und projiziert eine „liberale Utopie", in der dieser Ironismus universell ist (*Kontingenz, Ironie und Solidarität*, Frankfurt am Main 1995, S. 14f.).

‚starken Gedanken', nach Sicherheiten und nach ‚Wahrheiten'",[23] das sich unter anderem in der *New Sincerity*-Bewegung in der Kunst, dem *Neuen Realismus* in der Philosophie und dem Glauben an Verschwörungstheorien in der Breite der Gesellschaft ausdrückt. Die Welt ist zu komplex und kompliziert, als dass man nicht nach einfachen Erklärungen griffe; der Wert der Pluralisierung unterliegt zunehmend seinem Gegenbild der Polarisierung.

Das Internet hat diese Entwicklung nicht verhindert, sondern befördert, obgleich man in den Anfangsjahren des WWW das Gegenteil vermutete. Damals sah man im Vernetzungsmodus der Hypertext-Struktur die technische Implementierung postmoderner Philosophie. Wenn jede Aussage sich im Geflecht ihrer Links behaupten muss, wie sollte sie da ihrer Relativierung entgehen! Wenn die multilineare Navigation Textsegmente immer wieder neu konfiguriert, wie sollte das nicht der Multiperspektivität dienen! So feierte man den Hypertext als Emanzipationstechnologie, als Praxis zur poststrukturalistischen Theorie, als Revolution hin zu Ironie und Skeptizismus.[24] Die Hoffnung ging nicht auf. Man ahnte nicht die anderen Bedingungen, die das Internet der Kommunikation schafft, von der Filterblase bis zum ‚nummerischen Populismus', der sich als Zahl der Views, Likes, Friends und

23 Christoph Riedweg: „Einleitung", in: ders. (Hg.): *Nach der Postmoderne. Aktuelle Debatten zu Kunst, Philosophie und Gesellschaft*, Basel 2014, S. 7–21, hier: 8.

24 Jay David Bolter sah im Hypertext „a vindication of postmodern literary theory" („Literature in the Electronic Writing Space", in: Myron C. Tuman (Hg.): *Literacy Online. The Promise (and Peril) of Reading and Writing with Computers*, Pittsburgh 1992, S. 19–42, hier: 24); George P. Landow – dessen einflussreiche Monographie *Hypertext* schon im Untertitel den Bezug erstellte – sah in der neuen Technologie die Verkörperung der Ideen von Barthes, Derrida und Foucault (*Hypertext 2.0. The Convergence of Contemporary Critical Theory and Technology*. 2. Aufl., Baltimore, London 1997, S. 91); Stanley Aronowitz versprach sich vom Hypertext eine Revolution der Ironie („Looking Out: The Impact of Computers on the Lives of Professionals", in: Truman: Literacy Online (ebd.) S. 119–137, hier: 133).

Followers ausdrückt. Heute weiß man: Das Internet fördert nicht die selbstironische Perspektive des Sowohl-als-auch, sondern das standpunktsichere Modell des Entweder-oder, es fördert nicht das reflektierende, sondern das reflexhafte Denken, technisch forciert durch den Dualismus der Like-/Dislike-Buttons und sozial geboten durch den Zeitdruck, unter dem man auf Kommunikationsangebote reagiert; Likes sind stärker als Links.

Daran ändern auch die Duett-Auftritte bei TikTok nichts, die in gewisser Weise das Prinzip der relativierenden, opponierenden Verlinkung aktualisieren, wenn ein (politischer) TikTok-Clip auf einen anderen reagiert. Es wäre so übereilt wie einst das Lob für den Hypertext, von dieser Gegenüberstellung die Rückkehr einer ausgewogenen Dialogkultur zu erwarten. Die Kürze der TikTok-Videos forciert eine Simplifizierung und Übertreibung der Aussage, die durch die Konfrontation mit ihrem gleichermaßen verkürzten Gegenbild nicht korrigiert, sondern wiederholt wird. Man mag geneigt sein, die Politisierung dieses vormals reinen Spaß-Mediums zu begrüßen, zumal wenn die Botschaft der „richtigen" Sache dient wie im Falle der #blacklivesmatter-TikToks. Im Grunde aber ist diese Politisierung bedenklich, denn das Medium, in dem sie geschieht, zementiert formell genau das, was an den sozialen Medien so problematisch für die politische Meinungsbildung ist: die Verdrängung der ausgewogenen Argumentation durch den zugespitzten, konfrontativen Schlagabtausch. Diese Botschaft des Mediums besteht unabhängig von der Botschaft seines Inhalts.

Die Aufgabe der Schule ist nicht, in die digitalen Medien auszuwandern, sondern deren Folgen abzufedern. Entscheidend ist nicht die umfassende Digitalisierung der Bildung, sondern die nachhaltige Reaktion der Bildung auf die Digitalisierung. Dies geschieht auch und gerade durch jene Kulturtechniken, die nun im Namen des Fortschritts in Misskredit zu geraten drohen: die konzentrierte Lektüre komplexer Texte, das aufmerksame Zuhören, die (von der Lehrperson) moderierte Diskussion. Solche Verständnis- und Verständigungsübungen schulen Auffassungsgabe und Reflexion, kritische Analyse, argumentatives Denken und Geduld – Eigenschaften, die durch die digitalen Medien geschwächt werden, für eine funktionierende Demokratie aber unerlässlich sind. Aus Angst vor Streit im Klassenraum die Schüler nicht zu ermuntern, zu kontroversen Themen Stellung zu nehmen, wäre Verrat am Bildungsauftrag. Es ist nicht bloß besser, die Schüler lernen den Meinungsstreit unter Aufsicht und Moderation der Lehrer statt in der Wildnis der sozialen Medien – es ist unerlässlich.

Die Rede vom Ende der Kreidezeit wirkt aus dieser Perspektive trotz ihrer raffinierten Doppelsinnigkeit erschreckend naiv. Als böte der Computerschirm an sich schon irgendeine Antwort auf die (zivil-)gesellschaftlichen Herausforderungen der Digitalisierung, die der Wandtafel, dem Buch oder dem Gespräch verwehrt bliebe. Auch die Bevorzugung der Informatik gegenüber dem Literaturunterricht fällt einer verkürzten Logik zum Opfer. Eher ist dieser als unverzichtbares Pendant zur Informatik zu betrachten, insofern er – wie auch der Ethik-, Philosophie-, Geschichts- oder Kunstunterricht – gegen das positivistische Paradigma der Natur- und Ingenieurswissenschaften die Komplexitätserhöhung und Irritationserfahrung der Geisteswissenschaften ins Feld führt und gegen die „Rechthaberei der Eindeutigkeit" die „Kultur der Vieldeutigkeit" stärkt.[25] Das ist keine kleine Sache angesichts schwindender Ambiguitätstoleranz und mangelnder Irritationsresilienz online wie offline. Die Vermutung, dass gerade Ingenieure zu fundamentalistischen Ansichten und militanten Taten neigen,[26] mag zusätzlich unterstreichen, dass Informatikunterricht keine hinreichende Antwort auf die Digitalisierung ist.

---

25 Odo Marquard, „Über die Unvermeidlichkeit der Geisteswissenschaften", in: ders., *Apologie des Zufälligen. Philosophische Studien*, Stuttgart 1986, S. 98–116, hier: 109.

26 Diesen Zusammenhang ergibt die soziologische Studie von Diego Gambetta und Steffen Herto zum biografischen Hintergrund von Terroristen: *„Engineers of Jihad". The Curious Connection between Violent Extremism*

Es braucht Stärke für das „schwache Denken“ und diese Stärke entwickelt sich nicht von allein. Zugleich ist natürlich klar: Toleranz ist keine Frage allein der Bildungsanstrengung. Hass und Aggression sind auch die Folge sozio-ökonomischer Verletzungen und Verlusterfahrungen, deren Behebung in das Ressort nicht der Lehrer, sondern der Politiker fällt. Gründe für die schwindende Anerkennung des Anderen sind keineswegs allein die Filterblase oder andere problematische Kommunikationsbedingungen des Digitalen, sondern auch Harz IV, Globalisierung und ein Neoliberalismus, der weniger von sozialer Verantwortung als von ökonomischem Effizienzdenken geprägt ist. Bildung ist hier so wenig Allheilmittel wie bestimmte Merkmale der Technik (Hypertext, Vernetzung, Meinungsfreiheit etc.). Das ändert jedoch nichts am bisherigen Fazit: Wer Zukunftsfähigkeit im Zeitalter der Digitalisierung nachhaltig denkt, setzt auch auf Fächer, die keine technischen Erkenntnisse und praktischen Fertigkeiten vermitteln.

---

and Education, Princeton University Press 2016. Vgl. dazu Jürgen Kaube: „Berufe der Terroristen: Die Dschihad-Ingenieure“, in *FAZ*, 29.3.2016 (www.faz.net/aktuell/feuilleton/viele-terroristen-sind-scheinbar-ingenieure-14148612.html), sowie Thomas Bauer: *Die Vereindeutigung der Welt. Über den Verlust an Mehrdeutigkeit und Vielfalt*, Stuttgart 2019, S. 39.

2 Bildung 4.0

Um Missverständnissen vorzubeugen: Die Verteidigung des gedruckten oder mit Kreide geschriebenen Wortes gegen seine übereilte Verabschiedung, spricht nicht gegen den Einsatz neuer Technologien im Unterricht. Es ist kein Zeichen pädagogischer Weitsicht, wenn das Lehrpersonal nicht weiß, wie moderne Kommunikationsmittel effektiv zu nutzen sind. Lehrer, die sich prinzipiell gegen den Einsatz digitaler Medien im Unterricht sperren und per se das Buch dem Bildschirm und die Kreide dem Keyboard vorziehen, betrügen ihre Schüler und sich um wertvolle Motivationsimpulse und Lerneinsichten. Die Schule des 21. Jahrhunderts kann sich nicht im Leitmedium des 19. Jahrhunderts verschanzen. Sie muss auch jene Technologien einbeziehen, die heute zentral für die Erfahrung der Schülerinnen sind, wenn dies pädagogisch und didaktisch sinnvoll ist.

Nichts spricht zum Beispiel gegen das projektbezogene Arbeiten mittels Online-Foren und Wikis, nichts gegen die Präsentation der Ergebnisse außerhalb des unterrichtsbezogenen Schonraums als Weblog oder Wikipedia-Eintrag. Warum sollte der Literaturunterricht nicht vom Internet profitieren, indem man auf *social reading*-Plattformen einen literarischen Text mit fremden Menschen bespricht? Warum sollte man nicht die Schüler per Blog, Vlog, Facebook, Instagram, Snapchat, TikTok und Twitter von ihrer eigenen imaginierten Reise in 80 Tagen um die Welt berichten lassen – mit dem Mehrwert, im Gebrauch der verschiedenen sozialen Netzwerke zugleich die kommunikativen Folgen medialer Differenzen zu erkennen? Wer wollte etwas gegen die Erkundung des Sonnensystems mit VR-Brillen oder des Blutkreislaufs mittels 3D-Immersion sagen? Wer gegen die Erfahrung computersimulierter Zukunftswelten zum Thema Klimawandel, Migration oder Ernährungsweisen und die spielerische Schaffung eines entsprechenden Problembewusstseins für bestimmte Entwicklungsszenarien durch interaktive Eingriffsmöglichkeiten? Und wer bestritte den Empathieeffekt von Reenactments historischer Ereignisse mittels sozialer Netzwerke wie der Twitter-Strang @Mauerfall89 zum 25. Jahrestag des Mauerfalls, das Twitter-Projekt @9Nov38 zum 75. Jahrestag der Novemberpogrome oder das Projekt „Mate From the Past. 1944 Live“, das zum 65. Jahrestag des Warschauer Aufstands diesen für 63 Tage aus dem Erleben zweier Augenzeugen auf Facebook beschrieb. Eine solche Nutzung digitaler und sozialer Medien im Unterricht ist didaktisch wie pädagogisch sinnvoll und darf nicht der Angst der Lehrer vor dem Computer zum Opfer fallen.

Die Anmerkung zur Moral des Lesens zeigte allerdings auch, dass man keinen Computer braucht, um jene Fertigkeiten zu schulen, mit denen sich am ehesten auf die Kommunikationsbedingungen der digitalen Medien reagieren lässt. Ebenso wenig braucht es einen Computer, um die psychologischen und politischen Folgen von Filterblasen und radikaler Transparenz zu diskutieren, vorausgesetzt, die Diskutanten sind durch hinlänglich verbrachte Lebenszeit am Computer entsprechend vertraut mit dem behandelten Phänomen. Wichtig ist, dass die digitalen Technologien nicht nur als Unterrichtsmittel genutzt, sondern auch als Unterrichtsgegenstand thematisiert werden, also im Unterricht nicht nur mittels Facebook kommuniziert, sondern auch über Facebook selbst gesprochen wird. Genau das aber ist erstaunlich wenig der Fall. Eine Analyse von 207 Lehrplänen für den Deutsch-, Sozialkunde-, Ethik- und Geschichtsunterricht an Gymnasien und Realschulen in Deutschland ergab, dass Facebook oder ein anderes soziales Netzwerk nur in jedem dreißigsten Lehrplan erwähnt wird.[27] Man kann nur hoffen, dass die

27 Lutz M. Hagen, „Nachrichtenkompetenz in Schulen: mangelhaft“, in: *Über Medien*, 7.9.2017 (https://uebermedien.de/19777/nachrichten kompetenz-in-schulen-mangelhaft).

Lehrerinnen vor Ort schneller auf die aktuellen Entwicklungen reagieren als ihre Arbeitsmittel. Die Vorbereitung der Schüler auf die digitale Gesellschaft hat viele Facetten und die Digitalisierung der Unterrichtsmethoden ist weder die einzige noch die wichtigste. Worauf es ankommt, ist die *Thematisierung* der Digitalisierung, wobei es nicht entscheidend ist, mit welchen technischen Mitteln dies geschieht, sondern mit welcher Perspektive und Bildungsabsicht.

Die meisten Befürworter der digitalen Bildungsrevolution sehen die Herausforderung anderswo. Nicht in der Thematisierung der Digitalisierung, sondern in ihrer institutionellen Verankerung. So beschwören sie die Vorteile des automatisierten und personalisierten Lernens und sehen die Zukunft der Bildung in *distant* oder *computer based learning*, *online campus* und *global teacher* sowie *personal learning environments*. Die Einwände der Kritiker werden da schnell auf Technikscheu und Innovationsverweigerung reduziert, haben aber oft handfeste didaktische, pädagogische und bildungspolitische Gründe. Sie zielen darauf, dass online gestellte Videos von Vorlesungen den Frontalunterricht stärken, dass Lern-Software den Grammatik-Drill unter dem Deckmantel der Gamifikation zurückbringt und dass der Solidareffekt des Gemeinschaftsunterrichts einer von Algorithmen betriebenen Selbstoptimierung geopfert wird. Insofern repräsentiere diese Form der Bildung nicht die sinnvolle Weiterführung reformpädagogischer Ansätze mit digitalen Mitteln, sondern die Ausrichtung der Bildung am Vorstellungsvermögen von Softwareentwicklern und den Kriterien neoliberalen Managements.

Nicht immer ist die Kritik berechtigt. Zum einen kann im Sinne des *Flipped Classroom* der Frontalunterricht online Zeit zur Diskussion im Klassenraum schaffen, zum anderen kann ein von vielen Spezialisten (Fachlehrer, Didaktiker, Wahrnehmungspsychologen, Designer) produziertes Erklärvideo die Schüler stärker motivieren und besser informieren als ein übermüdeter Lehrer mit Schnupfen oder Eheproblemen vor Ort. Dennoch, man sollte nicht vorschnell „solutionistischen“ Ansätzen verfallen, indem man Probleme der personellen Unterbesetzung und Überbelastung auf technische Weise zu lösen versucht.

Es mag übertrieben klingen, wenn der Vorsitzende des Deutschen Lehrerverbandes im *Digitalpakt Schule* des Bildungsministeriums nicht mehr sieht als ein „Konjunkturprogramm für die Computerindustrie“ mit ernst zu nehmenden „Kollateralschäden“, weil der Computer die Konzentrationslosigkeit der Schüler erhöhe und die Suchmaschine den Umgang mit Wissen auf „Häppchen“ reduziere.[28] Unbegründet ist der Einwand allerdings nicht. Auch der gemeinnützige Verein LobbyControl sieht im Drängen der IT-Unternehmen in die Schulen (von Apples Laptops und „Google for Education“ bis zu Microsofts Bildungspartnerschaft zur Verbesserung der IT-Ausstattung) einen Missbrauch der Schulen als Ort der Kundenakquise und Produktschulung.[29] Und tatsächlich ist die vorliegende Symbiose von Bildung und Wirtschaft nicht unproblematisch angesichts der hinlänglich bekannten dunklen Seiten der IT-Giganten: Apples Steuerflucht und Kinderarbeit, die Klage der US-Kartellbehörden gegen Microsoft in den 1990er Jahren, die Verurteilung Googles zu einer Milliarden-Geldbuße für den Missbrauch seiner marktbeherrschenden Stellung durch die EU-Wettbewerbskommission im Sommer 2017. Das ermuntert kaum zur Hoffnung, diese Unternehmen würden diesmal im Spannungsfeld von Markt und Moral die Interessen der Gesellschaft über die der Aktionäre stellen.

---

28 Josef Kraus im *heute*-Journal am 12.10.2016.

29 www.lobbycontrol.de/schwerpunkt/lobbyismus-an-schulen. Zu Microsofts „Bildungspartnerschaft“ mit dem Land Sachsen-Anhalt, das im Vertrag vom 18.3.2015 durch das Ministerium nicht für Bildung, sondern für Finanzen vertreten wird, vgl. www.joeran.de/dox/Bildungspaket_fuer_Sachsen-Anhalt.pdf.

Insofern ist es verständlich, dass die Entmachtung der Bildungsexperten durch systemfremde Spezialisten von den Interessengruppen der Lehrer kritisiert wird. Und es ist machtpolitisch naiv, eine Interessenharmonie der beteiligten Kräfte gerade in Zeiten abnehmender sozialer Solidarität anzunehmen. Auf welche Grundlage stützt sich die Annahme, dass börsennotierte Privatunternehmen primär philanthropisch statt betriebswirtschaftlich operieren beziehungsweise das eine das andere nicht ausschließt? Es gehört zum medienwissenschaftlichen wie politökonomischen Grundwissen: Das primäre Ziel von IT-Unternehmen ist nicht der gebildete Mensch, sondern der Lock-in-Effekt, der die Wettbewerbsvorteile gegenüber den konkurrierenden Global-Playern der IT-Industrie sichert. Wer in Schulen seine Soft- und Hardware etabliert hat, sorgt dafür, dass andere Schulen aus Kompatibilitätsgründen die gleiche Soft- und Hardware nutzen und dass die Schülerinnen auch später die eigenen Produkte, mit denen sie dann wohlvertraut sind, bevorzugen werden. Aus Sicht der Unternehmen ist Zurückhaltung bei der Digitalisierung – etwa aus Mangel an nachgewiesenem pädagogischen Nutzen – geschäftsschädigend. Aus Sicht der Erziehungswissenschaft wiederum ist es ein Skandal, dass IT-Unternehmen, die ein natürliches Interesse an der digitalen Aufrüstung der Schulen haben, Studien über deren pädagogischen Nutzen sponsern.[30] Warum lässt sich die Keule der technischen Innovation so erfolgreich gegen die Bedenken der Pädagogen schlagen?

Die Bedenken basieren allerdings nicht nur auf dem Misstrauen, dass es IT-Unternehmen nicht wirklich um Bildung gehe. Es besteht auch Misstrauen, dass sie nicht über die notwendigen erziehungswissenschaftlichen Grundlagen für ihr Vorhaben ver-

---

30 Zur Telekom-Studie, „Schule digital. Der Länderindikator 2015“, vgl. Ralf Lankau, „Mit Smartphone und WLAN lernt man besser. Ihre Telekom“, 24.11.2015, http://futur-iii.de/wp-content/uploads/sites/6/2015/11/telekom_byod.pdf.

fügen. Ein symptomatischer Beleg für diese Sorge ist die Auskunft von Sebastian Thrun, „Gottvater der Online Education" und Gründer der Online-Akademie Udacity, dass niemand mehr lange einen Professor reden sehen will und Udacity deswegen nur noch ganz kurze, einminütige Erklärvideos anbietet, die dazu gedacht sind, einen Dialog zu starten. Das mag Zustimmung finden oder nicht, die Begründung dafür zu akzeptieren, fällt schon schwerer: „Wir glauben ganz fest, dass man Gewicht nicht abnimmt, indem man anderen Leuten beim Sport zuschaut, man muss das selber machen. Deswegen glauben wir bei Udacity, dass ihre eigenen Finger bewegen müssen, Projekte lösen müssen der Hauptmodus des Lernens geworden ist."[31] Nichts gegen Projektarbeit und Verständnistests, aber die Analogie führt in die Irre: als wäre man kognitiv nur dann aktiv, wenn man dabei auch seine Finger bewegt. Aber vielleicht sollte man hier nicht zu kritisch sein, immerhin ist Thrun kein Erziehungs- oder Geisteswissenschaftler, sondern Informatiker, der bei Google Schlüsseltechnologien wie Street View und Google Glass entwickelt hat. Aber das genau ist das Problem: Es ist Bildung aus der Perspektive von Software-Ingenieuren und Unternehmern, die hier entsteht und die Interaktivität voreilig über Reflexion stellt.

Unbehagen bereitet nicht nur die Kapitalisierung des Bildungswesens, die ja nicht erst mit dessen Digitalisierung beginnt. Beunruhigend ist auch die versprochene Rundumvermessung der biologischen und mentalen Prozesse des Lernens, um dieses optimaler auf die Lernenden zuschneiden zu können. Perspektivisch sollen dabei auch Tracking-Technologien zur Analyse von

31 „Wie Corona Bildung revolutionieren könnte", Zukunfts-Podcast der Tagesschau, 19.3.2020 (www.tagesschau.de/multimedia/podcasts/mal-angenommen-101~_episode-Wie-Corona-Bildung-revolutionieren-koennte.html – Min. 19ff.); Max Chafkin: „Udacity's Sebastian Thrun, Godfather of Free Online Education, Changes Course", *Fast Company*, 14.11.2013 (www.fastcompany.com/3021473/udacity-sebastian-thrun-uphill-climb).

Tonfall, Mimik und Blick eingesetzt werden. Hier kann man von China lernen, wo Pilotprojekte mit Kameras den Gesichtsausdruck der Schüler während des Unterrichts auswerten. So lässt sich erkennen, ob eine Schülerin gelangweilt oder überfordert ist. Zugleich zeigt die Auswertung, wie oft jemand gelächelt hat oder grimmig war, schläfrig oder erstaunt ausschaute – aufgepeppt mit den üblichen Emojis. Wie Hersteller dieser intelligenten Schultechnik berichten, haben die meisten Eltern keinerlei Einwände gegen die Vermessung ihrer Kinder im Interesse eines optimierten Lernprozesses; nur einige „extreme Eltern" würden über die Verletzung der Privatsphäre klagen.[32]

In Deutschland sind solche Vermessungsobsessionen noch undenkbar; wie vieles noch undenkbar ist, was momentan in China erprobt wird. Aber auch hier ist es nicht zu früh für die Frage, ob die personenbezogene Bedürfnisanalyse und Informationszuteilung, die im Kontext der Wahlmanipulation durch Datenanalyseunternehmen wie Cambridge Analytica zu Recht Aufsehen erregte, wirklich so unschuldig ist, wenn sie im Bereich der Bildung statt der Politik erfolgt. In den 1960er Jahren schwärmte die kybernetische Pädagogik von der maschinellen Erfassung geistiger Tätigkeit als „Prozessoptimierung".[33] Diese ‚Optimierung' ist heute Realität, wenn digitalisierte Lernumgebungen Daten darüber generieren, durch wen wann wie lange und wie oft bestimmte Lehrmaterialien aufgerufen werden, wel-

---

32 Axel Dorloff: „Die Supermacht der Algorithmen. Künstliche Intelligenz in China", *Deutschlandfunk Kultur*, 4.2.2019 (www.deutschlandfunkkultur.de/kuenstliche-intelligenz-in-china-die-supermacht-der.979.de.html?dram:article_id=439978).

33 Für frühe Überlegungen zur maschinellen Erfassung geistiger Tätigkeit vgl. Helmar Frank, *Kybernetische Grundlagen der Pädagogik*, Baden-Baden 1962; zum Lob kybernetischer Assessments in Lernumgebungen vgl. den Horizon Report 2017 des *New Media Consortiums*, das sich für die Förderung des Technologieeinsatzes in der Bildung einsetzt (*Horizon Report 2017 Higher Education*, Austin/TX 2017, www.nmc.org/publication/nmc-horizon-report-2017-higher-education-edition).

che Passagen besondere Aufmerksamkeit erregten, wie aktiv die Beteiligung an Diskussionsforen ausfällt, welche Resultate Testabfragen ergeben und in welcher Stimmungslage dies alles geschieht. Das Problem der Vermessung der Schüler ist nicht allein die Sicherheit der auf diese Weise gesammelten Daten; ein Problem, das in diesem Kontext regelmäßig diskutiert und zumeist mit der Forderung nach entsprechenden technischen und gesetzlichen Vorschriften beschwichtigt wird. Problematisch ist auch, dass die Schule so zu einem Ort wird, an dem sich Schüler an die Entwicklung der Gesellschaft zu einer „datengetriebenen Prüf-, Kontroll- und Bewertungsgesellschaft" gewöhnen, statt der Ort zu sein, an dem man lernt, diese Praxis kritisch zu betrachten.[34]

Die Annahme, das Bildungsministerium opfere sein eigenes Ressort den Interessen der Wirtschaft, mag übertrieben wirken. Sie wird allerdings kaum entkräftet, wenn gerade der Bundesverband für Informationswirtschaft, Telekommunikation und neue Medien Bitkom der Bildungsministerin ausdrücklich gegen die Kritik des Lehrerverbandes zur Seite springt und betont, dass über 80 Prozent befragter Eltern mehr Investition in digitale Lernmittel befürworten und alle sich „eine breitere Behandlung von Digitalthemen im Unterricht [wünschen]".[35] Während die Umstände der Befragung unklar bleiben, zeigt die Liste der Digitalthemen, dass es allein um handlungsorientiertes Nutzungswissen geht: Datenschutz und rechtliche Grundlagen im Internet, richtiges Verhalten in Chats und sozialen Netzwerken, Bedienung von Anwendungsprogrammen, Berufschancen in der digitalen Wirtschaft. Warum sollten Eltern etwas dagegen haben, dass ihre

---

34 Steffen Mau: *Das metrische Wir. Über die Quantifizierung des Sozialen*, Berlin 2017, S. 46.

35 Bitkom-Pressemitteilung am 9.11.2016: „Eltern wünschen sich eine digitale Schule für ihre Kinder" (www.bitkom.org/Presse/Presseinformation/Eltern-wuenschen-sich-eine-digitale-Schule-fuer-ihre-Kinder.html).

Kinder zu solchen Themen aufgeklärt werden? Wie sollten sie dies nicht wollen, wo sie selbst in diesen Fragen oft überfordert sind! Interessant wäre freilich die Frage gewesen, ob die Schule auch die gesellschaftlichen Folgen der Digitalisierung reflektieren soll; also beispielsweise den Trend zur Datafizierung und Vermessung von allem und allen.

Dass diese Frage in der Liste nicht auftaucht, überrascht wenig. Die Rückendeckung des Lobby- und Branchenverbandes Bitkom für die digitale Bildungsrevolution erklärt sich aus dem Interesse der Wirtschaft an einer raschen Digitalisierung der Gesellschaft, nicht an deren kritischer Reflexion. Dieses Interesse wird nirgends so deutlich wie im Aufruf des Bitkom-Präsidenten auf dem *Digital-Gipfel* im Juni 2017: „Digital first", und zwar mit „maximalem Tempo" und „ohne Wenn und Aber". Es klingt wie eine Einladung zum Glücksspiel, wenn er hinzufügt: „Wir dürfen uns jetzt nicht verzetteln und wir müssen alles auf eine, die digitale Karte setzen."[36] Die Übersetzung der Industrie-4.0-Losung des Bitkom-Präsidenten in den Diskurs der Bildungspolitik lieferte die Bildungsministerin schon Monate zuvor auf der Bitkom-Konferenz *Bildung 4.0*: „Digitale Technologien kommen im rasanten Tempo auf den Markt und das bedeutet: Wir müssen stetig bereit sein, uns auf Neues einzustellen und dazuzulernen.

36 Rede des Bitkom-Präsidenten Thorsten Dirks (www.de.digital/DIGITAL/Redaktion/DE/Digital-Gipfel/Video/2017/Digital-Gipfel-2017 0613/20170613-keynote.html). Es überrascht wenig, dass auch der nächste Bitkom-Präsident, Achim Berg, auf Maximalgeschwindigkeit bei der Digitalisierung setzt und im Kontext einer weiteren Bitkom-Umfrage unter Eltern zur Digitalisierung der Schule während der Corona-Krise erklärt: „Corona ist der Startschuss für die Digitalisierung der Schulen. Jetzt heißt es, die Digitalisierung der Schulen von null auf hundert zu beschleunigen, und das von jetzt auf gleich." (Barbara Gillmann: „Digitalisierung der Schulen. Eltern wollen laut Umfrage Homeschooling als Standard-Angebot", *Handelsblatt,* 14.9.2020 – www.handelsblatt.com/politik/deutschland/digitalisierung-der-schulen-eltern-wollen-laut-um frage-homeschooling-als-standard-angebot/26185274.html).

Denn wer digitale Technik zu seinem Helfer macht, der muss sie steuern lernen – ob am Arbeitsplatz oder im Privaten. Man braucht Beurteilungskompetenz."[37]

Der Begriff ist adäquat gewählt: Beurteilungskompetenz ist nicht Bewertungs- oder Reflexionskompetenz. Beurteilungskompetenz zielt, verkehrspolizeilich formuliert, auf die Fertigkeit, vorausschauend zu fahren, nicht darauf, die Verkehrsordnung in Frage zu stellen. Genau das will das Bildungsministerium, genau das will Bitkom. Und genau so formuliert es auch die Kultusministerkonferenz „Bildung in der digitalen Welt": Die Schule soll die Schüler darauf vorbereiten, „künftigen Anforderungen der digitalen Welt zu genügen".[38] Die Kritik der Bildungswissenschaft an dieser bildungspolitischen Vorgabe ist berechtigt und viel zu mild: „Diese Wortwahl stellt die Digitalisierung als einen externen Prozess dar, auf den wir Menschen wenig Einfluss haben; als etwas, das, ähnlich einem Tsunami, auf uns zurollt, Anforderungen stellt und dem begegnet werden muss. In einer solchen Lesart reagieren wir auf die Digitalisierung, statt zu agieren."[39]

Es passt zur bildungspolitischen Entwicklung der letzten Jahrzehnte, wenn die Zielvorgabe des Bildungsministeriums lautet, den Anforderungen der Digitalisierung zu genügen, statt diese in Frage zu stellen. Die Orientierung weg vom neuhumanistischen

---

37 Bitkom-Konferenz *Bildung 4.0* am 19.1.2017 (www.bmbf.de/de/bitkom-konferenz-bildung-4-0-3845.html). In dieser Gemengelage an Interessen wundert es nicht, dass die Autoren von Büchern, die zur digitalen Bildungsrevolution aufrufen (vgl. Jörg Dräger, Ralph Müller-Eiselt: *Die digitale Bildungsrevolution: Der radikale Wandel des Lernens und wie wir ihn gestalten können*, München 2015), der wirtschaftsnahen Bertelsmann Stiftung angehören.

38 „Bildung in der digitalen Welt. Strategie der Kultusministerkonferenz", Beschluss vom 8.12.2016 (www.kmk.org/fileadmin/Dateien/veroeffentlichungen_beschluesse/2018/Strategie_Bildung_in_der_digitalen_Welt_idF._vom_07.12.2017.pdf), S. 3.

39 Felicitas Macgilchrist: „Digitale Bildungsmedien im Diskurs. Wertesysteme, Wirkkraft und alternative Konzepte", in: *Zeitschrift der Bundeszentrale für Politische Bildung*, 27f./2019, S. 18–23, hier: 18f.

Konzept der allseitigen Bildung zurück zum schulhumanistischen der markgerechten *Aus*bildung kennzeichnet schon die Bologna-Reformen, deren 20. Jahrestag 2019 vor allem kritisch kommentiert wurde. Bildungs- und Wissenschaftspolitik stehen seit dem ausgehenden 20. Jahrhundert im Zeichen der Wirtschaftspolitik, akzentuiert wird die Bereitstellung von Kompetenzen, die eine digital geprägte Gesellschaft und ein digital orientierter Arbeitsmarkt benötigen. Diese Prioritätensetzung, die keineswegs nur Europa betrifft, wird vielfach beklagt als Ausrichtung auf den *homo oeconomicus* statt auf den *homo politicus*. Versteht sich der *homo politicus* als Teil eines politischen Allgemeinwesens, für das es Verantwortung zu übernehmen gilt, geht es dem *homo oeconomicus* vorrangig um die „Steigerung seines Portfoliowertes in allen Lebensbereichen".[40] Es ist dieser gesellschaftliche Kontext, aus dem heraus sich die bildungspolitische Reduktion der Medienbildung auf marktgerechtes Verfügungswissen erklärt. Es ist diese bildungspolitische Ausrichtung, die das Thema digitale Kompetenz auf Fragen verkürzt wie: „Was sind die Voraussetzungen für eine erfolgreiche Teilnahme am Arbeitsmarkt? Was, um sich im gesellschaftlichen und privaten Umfeld selbstbestimmt zu bewegen?"[41]

Erstaunlich, dass es dann aber gerade der ehemalige deutsche Wirtschaftsminister war, der den Fokus auf die instrumentelle statt reflexive Medienkompetenz beklagt. In seiner Eröffnungsrede auf dem Nationalen IT-Gipfel im November 2016 betonte Sigmar Gabriel, dass es „um Bildung und Erziehung zu Kompetenz *und* Orientierung" gehe: „Orientierung in einer veränderten Welt, das ist die Voraussetzung dafür, souverän zu bleiben [...], emanzipationsfähig zu sein. Und deswegen geht es beim Thema

---

40 Wendy Brown: *Die schleichende Revolution: Wie der Neoliberalismus die Demokratie zerstört*, Berlin 2015, S. 36.

41 So der Werbetext zu Werner Hartmann und Alois Hundertpfund: *Digitale Kompetenz: Was die Schule dazu beitragen kann*, Bern 2015.

Digitalisierung um mehr als um den Erwerb technischer Kompetenzen, um mehr als um den Erwerb von Nutzerkompetenzen." Man müsse, so die Erklärung des Unterschieds, nicht nur wissen, wie man Algorithmen programmiert oder einsetzt, sondern auch, was sie gesellschaftlich bewirken und wann man sie besser nicht einsetzen sollte.[42] Man muss die gesellschaftlichen Transformationsprozesse im Zuge der Digitalisierung erforschen und die Gesellschaft für die damit verbundenen Risiken sensibilisieren. Anders gesagt: Man muss das Tempo drosseln und nach dem Wenn und Aber der Digitalisierung fragen.

42 Sigmar Gabriel auf dem Nationalen IT-Gipfel am 17.11.2016 (www.youtube.com/watch?v=WSMvpkOVjvU – Min. 7:10–8:30).

3 Fernverantwortung

Die Einladung des Bitkom-Präsidenten zum bedenkenlosen Glücksspiel mit gesamtgesellschaftlicher Haftung ist kein rhetorischer Ausrutscher im Eifer einer Rede. 2017 schaffte es diese Einladung auf die Wahlplakate der FDP: „Digital first. Bedenken second. Denken wir neu." Die FDP erklärte dieses neue Denken auf ihrer Webseite so: „Wir glauben, dass es Deutschland gut tun würde, mehr Neues zu wagen. Zuerst die Chancen und nicht nur Risiken zu sehen. Zukunft gestaltet sich nicht von selbst. Dafür braucht man Mut. Und die entsprechende Haltung: Willkommen in der Beta Republik!"[43]

Beta Republik ist das begriffliche Äquivalent zum Glücksspiel; Beta-Version heißt die erste Version einer Software, die für Testzwecke in einem geschützten Umfeld veröffentlicht wird, um Fehler vor der finalen Veröffentlichung der Software noch erkennen und beheben zu können. Der Einsatz dieser Metapher im Wahlprogramm der FDP ist nicht ohne Risiko. Immerhin empfiehlt man sich als politische Kraft, der man das Schicksal des Landes anvertrauen kann. Und offenbar spekuliert man darauf, dass der annoncierte Wagemut nicht als zukunftsgefährdender Leichtsinn, sondern als zukunftssichernde Courage wahrgenommen wird – und im Gegenzug all jene als Zukunftsverweigerer erscheinen, die Unbehagen empfinden bei dem Gedanken, ein ganzes Land in den Beta-Status zu versetzen.

Man kann mildernde Umstände ins Feld führen. Bitkom und die FDP propagierten ihre Bedenkenlosigkeit, bevor sich Mark Zuckerberg 2018 peinlichen Anhörungen vor US- und EU-Politikern stellen musste: zum Cambridge-Analytica-Skandal und zur

---

43 www.fdp.de/content/beta-republik-deutschland

immer aggressiver werden Kommunikation auf Facebook. Facebook, dessen Operationsmotto lange Zeit „Move Fast and Break Things" lautete, war dabei, die Grundlagen der Demokratie zu zerbrechen. Noch im Mai 2017 hatte Zuckerberg in seiner Commencement-Rede den Harvard-Absolventen den Wagemut des alten Facebook-Mottos als Ratschlag fürs Leben auf den Weg gegeben: „Du musst einfach anfangen. Wenn ich gewartet hätte, bis ich alles über das Verbinden von Menschen wusste, hätte ich Facebook nie geschaffen."[44] Es war die rhetorisch bereinigte Fassung des Ratschlags, den Zuckerberg schon als zwanzigjähriger Facebook-Gründer und Harvard-Student seinem damals noch wesentlich schmaleren Publikum mit unübersetzbarer Laxheit gab: „A lot of times people are just, like, too careful. I think it's more useful to, like, make things happen and then, like, apologize later than it is to make sure that you dot all your i's now and then, like, just not get stuff done."[45] Jetzt, im Jahr 2018, da er sich in mehreren Anhörungen für diesen Leichtsinn verantworten musste, bat Zuckerberg mit Verweis auf die Komplexität von Facebook, die man erst allmählich zu verstehen beginne, um Nachsicht und gestand immer wieder: „We didn't take a broad enough view of our responsibility, and that was a big mistake. It was my mistake, and I'm sorry."

Auch jenseits dieser Anhörungen musste sich das Facebook-Management im Jahre 2018 für vorschnelles Handeln und nachlässige Risikoeinschätzung entschuldigen. Die Gewaltexzesse gegen die Rohingyas, die muslimische Minderheit in Myanmar, waren angeheizt worden durch entsprechende Posts auf Facebook: Fotos von angeblich mordenden Muslimen und ihrer buddhistischen Opfer, Berichte über vermeintliche muslimische Konspirationen, Hassrede und Anstiftung zur Gewalt. Facebooks Manage-

44 Mark Zuckerbergs Rede auf dem Harvard-Commencement am 26.5.2017 (www.youtube.com/watch?v=QM8l623AouM).

45 Frontline PBS, *The Facebook Dilemma*, Teil 1, 29.10.2018 (https://www.youtube.com/watch?v=7KEOq-8l72U – Min. 4:12).

ment gestand Fehler ein – „we weren't doing enough to help prevent our platform from being used to foment division and incite offline violence. We agree that we can and should do more."[46] – und führte als mildernden Umstand gerade das an, was eigentlich gegen Milde in der Beurteilung seiner Rolle sprach: Myanmars Bevölkerung ging nach dem Ende der Militärherrschaft 2012 sehr schnell und flächendeckend ins Internet (was vor allem Facebook bedeutete, das auf jedem Handy vorinstalliert war), ohne darauf vorbereitet zu sein, zwischen persönlichen Posts mit zweifelhaftem Wahrheitsgehalt und verlässlichen News zu unterscheiden. Dieser Mangel an Medienkompetenz war angesichts der politischen Vergangenheit des Landes vorhersehbar und schlägt gegen Facebooks Management zu buche, das aus eben diesem Grund besondere Vorsichtsmaßnahmen hätte ergreifen müssen und zum Beispiel Facebook-Posts in Myanmar von genügend Mitarbeitern vor Ort hätte beobachten lassen sollen. Dass dies nicht geschah, bezeugt mangelnde Medienkompetenz im Facebook-Management selbst. Denn zur dieser zählt nicht nur, schnell einen neuen Markt zu erobern, sondern auch, dies so zu tun, dass dabei nicht das Land zerbricht: die Fähigkeit, und Bereitschaft!, mögliche Folgen der Mediennutzung unter den gegebenen gesellschaftlichen Umständen zu reflektieren.

Was lange als Zukunftsgestaltung gefeiert wurde, erwies sich schließlich wiederholt als eine Gefährdung der Zukunft. Der Name Zuckerberg steht inzwischen sogar für die „Gefährdung der Volksgesundheit" und soll von San Franciscos Allgemeinem Krankenhaus entfernt werden, das ihn seit einer 75-Millionen-Dollar-Spende durch Zuckerberg und seiner Frau im Jahr 2015

46 Alex Warofka: *An Independent Assessment of the Human Rights Impact of Facebook in Myanmar*, 5.11.2018 (https://about.fb.com/news/2018/11/myanmar-hria).

trägt.[47] Und Facebook ist nur *ein* Beispiel für die unvorhersehbaren Folgen der digitalen Revolution und die verheerende Unbekümmertheit ihrer zentralen ‚Helden'. Die meisten Akteure des Silicon Valley, und aller Silicon Valleys dieser Welt, träumen von „permissionless innovation" als „general freedom to experiment and learn through ongoing trial-and-error experimentation."[48] Man investiert Millionen in Lobby-Arbeit, um der Aufsicht und den Auflagen des Staates zu entkommen. Man bezichtigt diesen der Bürokratie, wenn er im Sinne des „precautionary principle" nur das Kontrollmandat des Souveräns wahrnimmt und auf der Einhaltung bestimmter Standards beharrt. Und weil das Entkommen selbst in den USA nicht ganz gelingt, träumen manche Unternehmer des Silicon Valley auch von der Emigration: auf eine künstliche Insel in internationalen Gewässern, im rechtsfreien Raum, wo keinerlei Erneuerung irgendeine Erlaubnis braucht.

Es gab zwar große Worte von der Verbesserung der Welt, aber kein genaues Konzept, wohin man eigentlich will, wie man dahin gelangen kann und was man dabei beachten muss: nur Pläne, wie man zur nächsten Ecke kommt. So werden künftige Historiker möglicherweise über Facebook und die Digitalisierung schreiben. Diese sogenannte Informationsgesellschaft, wird es heißen, war so unerfahren wie die meisten ihrer einflussreichsten Akteure, und die Politik sah hilflos zu, wie die Zivilgesellschaft langsam und ohne wirksamen Protest vor ihren Augen zerbröselte.

Dabei waren jene, die sich die Vorgänge genauer ansahen,

---

47 Michael Cabanatuan: „S.F. supes again condemn Zuckerberg's name on city General Hospital", in: *San Francisco Chronicle*, 3.12.2020 (www.sfchronicle.com/bayarea/article/S-F-supes-again-condemn-Zuckerberg-s-name-on-15774241.php). Die Forderung „San Francisco's only public hospital should not bear the name of a person responsible for endangering public health" bezieht sich auf Falschaussagen auf Facebook über Abtreibung, AIDS, Verhütung und Covid-19 sowie „statements encouraging racial hatred and violence".

48 Adam Thierer: *Permissionless Innovation: The Continuing Case for Comprehensive Technological Freedom*, Arlington, VA 2014, S. 1.

nicht ohne Warnung. So untersuchte eine Expertengruppe vom Oxford Internet Institut drei Regierungsberichte der USA, Großbritanniens und der EU hinsichtlich „their visions on how to prepare society for the widespread use of artificial intelligence". Der Befund beunruhigt: „none appears to deliver a comprehensive explicit vision of the role that AI should play in ‚mature information societies'". Die Mahnung der Wissenschaftler: „we need a social strategy for AI, not mere tactics."[49] Diese Strategiebildung befördert die EU mit der 2018 eingesetzten Kommission zur Erarbeitung ethischer Richtlinien für die AI-Entwicklung. Der Appell der Kommission: Die möglichen gesellschaftlichen Konsequenzen einer Technologie müssen schon *vor* ihrer Entwicklung bedacht werden.[50] Eine klare Absage an die Adresse von Zuckerberg, Bitkom und FDP. Eine Garantie dafür, dass die digitale Revolution fortan ohne Kollateralschäden abläuft, ist es nicht. Zu verschieden sind die Interessenlagen und Toleranzgrenzen, was mögliche Kollateralschäden betrifft. Dass die Ko-Leiterin von Googles Ethical Artificial Intelligence Team, Timnit Gebru, nach einer Kontroverse über Risiken der KI-Anwendung in Googles Produkten Ende 2020 Google verließ, lässt zudem nicht viel hoffen, was den Einfluss kritischer Stimmen auf die Entwicklungspläne der IT-Unternehmen betrifft.[51]

---

49 Corinne Cath, Sandra Wachter, Brent Mittelstadt, Mariarosaria Taddeo, Luciano Floridi: „Artificial Intelligence and the ‚Good Society': the US, EU, and UK approach", *Science and Engineering Ethics* Vol. 24, No. 2 (2017), S. 505–528: 508.

50 https://ec.europa.eu/digital-single-market/en/news/ethics-guidelines-trustworthy-ai.

51 Fridtjof Küchemann: „Google verliert eine kritische Stimme", 11.12.2020 (www.faz.net/aktuell/feuilleton/debatten/ki-ethikerin-timnit-gebru-verlaesst-google-wurde-sie-gefeuert-17095796.html), vgl. die Petition von Google-Mitarbeiter/innen gegen das Vorgehen der Google-Administratoren, die zugleich an der zivilgesellschaftlichen Dimension des Vorfalls festhält und insofern wiederum Hoffnung auf das kritische Bewusstsein der Mitarbeiter von IT-Unternehmen vermittelt: „This is also a moment of reckoning beyond Google. As we know, Dr. Gebru is one of

In jedem Falle ist es gut, sich an Joseph Weizenbaum zu erinnern, der deutsch-amerikanische Pionier der künstlichen Intelligenz, der mit seinem Buch *Die Macht der Computer und die Ohnmacht der Vernunft* (1976) zugleich einer ihrer schärfsten Kritiker wurde. In seinem Vortrag „Die Verantwortung der Wissenschaftler und mögliche Grenzen der Forschung" auf dem ersten *European Software Festival* in München im Jahr 1991 betont Weizenbaum, „dass die Welt kein privates Testlabor der Wissenschaftler ist", und fordert eine „Zensur" für die Forschung. Zugleich mahnt er, nicht mehr mit der Lösung zu Problemen, die gar keine sind, anzufangen, sondern sich zunächst zu fragen, ob wir brauchen, was wir entwickeln. Denn viele Systeme, die wir bauen, seien „unbeherrschbar, undurchschaubar, unumkehrbar" und bedeuten in Alltagssprache so viel wie, einem Dreizehnjährigen einen Ferrari in die Hand zu geben.[52]

Zuckerberg hat die Welt als Testlabor benutzt und dabei nicht nur unser Verständnis von Freundschaft grundlegend geändert, sondern auch die Art, wie Menschen miteinander kommunizieren und sich ihre politische Meinung bilden. Er hat, wie manche Kommentatoren sagen, eine „Waffe" geschaffen, die nun, so würde es Weizenbaum ausdrücken, wie ein außer Kontrolle geratener Ferrari durch die Gegend jagt. Der steile Aufstieg Facebooks zum Hoffnungsträger aller Demokraten vor einem Jahrzehnt und der rasche Fall zu einer hilflos betrachteten Gefahr für die Demokratie im Jahr 2018 sollte den Akteuren des digitalen Wandels vor Augen halten, dass man mit dem Betriebsmotto

---

the few people exerting pressure from the inside against the unethical and undemocratic incursion of powerful and biased technologies into our daily lives. This is a public service, and its importance cannot be overstated." (https://googlewalkout.medium.com/standing-with-dr-timnit-gebru-isupporttimnit-believeblackwomen-6dadc300d382).

52 Joseph Weizenbaum, *Computermacht und Gesellschaft. Freie Reden*, Frankfurt am Main 2001, S. 121 (Testlabor), 120 (Zensur), S. 130f. (Ferrari).

„Move Fast and Break Things" auch die Dinge zerbrechen kann, die man eigentlich verbessern wollte. Ganz gleich wie man die Schuld Facebooks – und Zuckerbergs Anteil daran – bewertet: Facebook ist *das* Warnbeispiel einer Digitalisierung, die mit viel zu hoher Geschwindigkeit und viel zu geringer Vorausschau auf mögliche Gefahrenquellen stattfindet.[53]

Weizenbaums Mahnung antwortet dem impliziten Utopismus technologischer Fortschrittsdynamik mit der Annahme des schlimmsten Falles. Zu dieser Schwarzseherei ermahnte einige Jahre vor Weizenbaum schon der deutsche Technikphilosoph Hans Jonas in seinem Buch *Das Prinzip Verantwortung. Versuch einer Ethik für die technologische Zivilisation* (1979). Jonas stellt dem bedenkenlosen Forscherdrang eine „Ethik der Fernverantwortung" entgegen, die nach den Langzeitfolgen wissenschaftlicher Forschung und gesellschaftlicher Aktionen fragt. Rund vierzig Jahre später hat sich statt dieser eine bedenkenlose Kurzsichtigkeit etabliert. Das äußert sich in den Prinzipien des Managements, in den Spekulationen des Finanzkapitalismus, im anhaltenden Ressourcenraubbau und eben auch in der Entwicklung digitaler Systeme und Produkte ohne robuste Sicherheitskonzepte, weil für Unternehmen Gewinnorientierung und Marktbeherrschung Vorrang haben. Auch der anfänglich laxe Umgang mit Covid-19, des-

---

53 Es ist bemerkenswert, dass Zuckerberg zum 15. Geburtstag von Facebook dieses nochmals als Mittel der politischen Emanzipation beschreibt und sein inzwischen deutlich gewordenes Gefahrenpotenzial beschwichtigend in einen Zweistufenplan einbaut: „If the first part of this century was about wiring up these networks, the next phase will be about people using these networks to redefine every part of our society. This will require finding the right balance between the freedoms and responsibilities of a connected world." 4.2.2019 (www.facebook.com/zuck/posts/10106411140260321). Zur Diskussion von Facebooks Rolle für die (negative) Umgestaltung gesellschaftlicher Kommunikation vgl. Roberto Simanowski, Ramón Reichert: *Sozialmaschine Facebook. Dialog über das politisch Unverbindliche*, Berlin 2019.

sen Gefährlichkeit ja durchaus erkennbar war, bezeugt diese Kurzsichtigkeit.[54] Nein, Bedenken stehen nicht hoch im Kurs heutzutage.

Welche Zukunft riskiert die Gesellschaft aus Bedenkenlosigkeit, Profitstreben und Schnäppchenmentalität? Die *WannaCry*-Attacke im Mai 2017, der Hack von Krankenhäusern in den USA und in Deutschland Anfang 2016, der Hack auf das Stromnetz der Ukraine, der am 23. Dezember 2015 rund 700 000 Haushalte für Stunden ohne Strom ließ – sind dies drei der Vorboten einer Zukunft, in der die Bürger Geißeln von Kriminellen sind, weil die Politik es zulässt, dass das Internet der Dinge ohne die nötige Umsicht und ohne die nötigen Mittel für aktuelle Sicherheitsstandards gebaut wurde?[55] Wie auch immer die Katastrophenfilme der Zukunft den digitalen Super-GAU in Szene setzen werden, man kann damit rechnen, dass recht bald nach Beginn ein desillusionierter Sicherheitsexperte einem überforderten Politiker erklärt, wie wenig ihn dieser Anschlag überrascht, immerhin sei doch allgemein bekannt, dass es in der Welt von heute nur zwei Arten von Unternehmen gibt: jene, die gehackt wurden, und jene, die noch nicht wissen, dass sie gehackt wurden.

Ganz egal, ob die bisherigen und künftigen Katastrophenfilme mit der Hochrechnung aktueller Entwicklungsrisiken zu Einhalt und Umkehr aufrufen oder nur von der Angstlust des Publikums profitieren wollen. Wenn Intellektuelle in dystopische Szenarien investieren, sollte das nicht vorschnell als die übliche Technikscheu der Theoretiker abgetan werden: „Die Unheilsprophezei-

---

54 Nikil Mukerji und Adriano Mannino argumentieren, dass angesichts der vor- und asymptomatischen Ansteckungsgefahr sowie hohen Basisreproduktions- und Suszeptibilitätszahl die Gefahr dieser Pandemie früher hätte erkannt werden können (*Covid-19: Was in der Krise zählt. Über Philosophie in Echtzeit*, Stuttgart 2020, Kapitel II: „War die Katastrophe vorhersehbar?“, S. 24–63).

55 Jochen Siegle: „Sicherheitsvorfälle bei Strom- und Wasserversorgern nehmen zu“, in: *NZZ*, 18.2.2019 (www.nzz.ch/digital/it-sicherheit-gefaehrdung-der-strom-und-wasserversorgung-ld.1460789).

ung wird gemacht, um ihr Eintreffen zu verhüten".[56] Diese Form der Kulturkritik mit Kulturpessimismus verwechseln hieße, den Aufruf zum Handeln zu verkennen. Die Kritik an aktuellen Entwicklungen erfolgt in der Hoffnung auf eine Disruption im scheinbar vorherbestimmten Lauf der Dinge. Erst wer diese Hoffnung verloren hat, hört auf zu klagen.

Die Frage ist freilich, was jeweils als problematisch angesehen wird und welche Toleranz die Gesellschaft gegenüber erkennbaren Gefahren walten lässt. Dass sich beides historisch wandelt, zeigen Beispiele wie die von Asbest und Tabak, deren Gesundheitsrisiken lange Zeit entweder nicht erkannt oder nicht ernst genommen wurden. Eine weitere Frage ist, wie die Gesellschaft auf erkannte Risiken reagiert: mit Prävention wie im Falle der Atombombe oder mit Versicherung für den Schadensfall wie beim Autoverkehr. In dieser Hinsicht hat sich die Haltung der Gesellschaft historisch geändert, wie jeder weiß, der sich an die Zeit ohne Gurtpflicht im Auto erinnert und an die lächerlichen Schutzmaßnahmen, die in Ost und West einst ernsthaft für den Fall eines Atomschlags vermittelt wurden.[57]

Was die Risiken betrifft, die mit der Digitalisierung einhergehen, scheint die Gesellschaft sich mit dem Versicherungsmodell zufrieden zu geben. Politik und Wirtschaft sind gleichermaßen vom „short-termism" befallen, statt im Sinne der Fernverantwortung ernsthaft risikopräventiv vorzugehen. Zugleich fehlt – im Unterschied zur nuklearen Bedrohung – der Gesellschaft das Bewusstsein für die Risiken, die ihre Digitalisierung mit sich bringt. Grund dafür ist nicht zuletzt der Mangel an Opfern. Zwar schaffen Zwischenfälle kurze Aufmerksamkeitsschübe für die

---

56 Hans Jonas, *Das Prinzip Verantwortung. Versuch einer Ethik für die technologische Zivilisation*, Frankfurt am Main 1979, S. 218.

57 Für eine kulturwissenschaftliche Analyse von Apokalypsedarstellungen in Literatur und Film vgl. Eva Horn: *Zukunft als Katastrophe*. Frankfurt am Main 2014.

Gefahren der Digitalisierung, wenn ein selbstfahrendes Testauto seine Insassen in einen tödlichen Unfall verwickelt oder wieder einmal irgendwo einige Millionen Nutzerdaten gehackt wurden. Insgesamt machen die Menschen jedoch andere Erfahrungen (die täglichen Vorteile der neuen Technologien) und haben andere Sorgen (Terrorismus, Migration, Populismus), als dass sie von ihren Politikern erwarten würden, den digitalen Umbau der Gesellschaft zum Thema zu machen.

Genau darin liegt der große Irrtum unserer Zeit. Man ist so fokussiert auf die Disruptionen, die die Flüchtlingsströme dem sozialen Gleichgewicht der Nationalstaaten bringen mögen, dass man leichthin die enormen Veränderungen übersieht, die in aller Stille die digitale Revolution für das individuelle und gesellschaftliche Leben Tag für Tag, Stück für Stück mit sich bringt. Darin gleichen die Digitalströme den Kapitalströmen: Unsichtbar und unerbittlich schaffen sie Tatsachen, die plötzlich unentrinnbar unser aller Leben bestimmen. Wenn Taxifahrer schließlich nur noch tarifvertragsbefreite Arbeit bei Uber finden, werden sie dafür ebenso wenig einen Schuldigen benennen können wie Tante Emma, deren Laden der Gentrifizierung ihres Kiezes zum Opfer fiel.

Der Irrtum beginnt mit ungesicherten Hoffnungen, die in Sicherheit wiegen sollen. Mit der Hoffnung etwa, künstliche Intelligenz einfach wieder abschalten oder *rebooten* zu können, wenn sie einem dann doch zu unheimlich wird. Eine künstliche Intelligenz, die den Namen verdient, wird der menschlichen jedoch weit überlegen sein und wissen, wie sie Vorsorge für ihr Überleben treffen kann. Das *Corrigibility*-Modell im Hinblick auf KI ist eine Illusion, die erlaubt, sich gerade dort dem Prinzip der Fernverantwortung zu entziehen, wo dieses besonders wichtig ist.[58]

---

58 Die These von der unkontrollierbaren KI, die intelligenter ist als der Mensch und diesen deswegen wird austricksen können, vertritt Nick Bostrom: *Superintelligenz – Szenarien einer kommenden Revolution*, Berlin 2014. Ich diskutiere das Machtverhältnis zwischen Mensch und künstlicher

Die unabsehbaren Verhaltensweisen unserer eigenen Schöpfung sind nur eines der Themen, die mehr gesellschaftliche Aufmerksamkeit verdienen. Auch die Ausmaße und Folgen der Vermessung von allem und allen geben Grund zur Sorge. Ist ein Social-Scoring-System, wie es China per Fünfjahrplan durchsetzen will, in westlichen Demokratien wirklich undenkbar? Die Voraussetzungen – die zunehmende Digitalisierung der Gesellschaft und Datafizierung der Individuen – werden auch hier längst geschaffen; man denke nur an die Belohnung für freiwilliges Selftracking durch Auto- oder Gesundheitsversicherung, die gelegentliche Nötigung von Arbeitnehmern zum Selftracking oder die Entwicklung einer Reputationskultur durch Plattform-Kapitalisten wie Uber und Airbnb. Die Dinge nehmen bereits ihren Lauf und werden sich, wenn man sie lässt, still und stetig dahin entwickeln, wo wir sie vielleicht nicht haben wollen und bis heute nicht für möglich halten.

Was kann man tun, um in diesen Lauf der Dinge einzugreifen? Genügt es, die Überwachung von Arbeitnehmern nur zu verbieten, wenn diese nicht informiert wurden oder nicht eingewilligt haben? Gibt es unter den Bedingungen der Gig Economy – wo kurze Anstellungszeiten kaum die Entwicklung von Solidarität unter den Arbeitnehmern oder gar einer gewerkschaftlichen Interessenvertretung erlauben – überhaupt noch den Spielraum, die Einwilligung für eine solche Überwachung zu verweigern? Muss hier nicht der Staat die Arbeitnehmer vor den Arbeitgebern schützen, durch Gesetze, die diesen das verbieten, wogegen jene sich nicht mehr wehren können? Muss nicht die Politik den Einsatz der Technik durch die Wirtschaft überwachen? Braucht es nicht eine gesellschaftliche Debatte darüber, in welcher Gesellschaft wir leben und welche Risiken wir tolerieren wollen? Und ist nicht die Schule der Ort, an dem die Akteure und Aktivistinnen dieser Debatte geschaffen werden?

Intelligenz im Abschnitt „HALs Enkel“ in meinem Essay *Todesalgorithmus. Das Dilemma der künstlichen Intelligenz,* Wien 2020, S. 55–60.

4 Minderheitenschutz

Der deutsche Wirtschaftsminister a.D. ist nicht der einzige hochrangige Politiker, der sich kritisch über Algorithmen äußerte. Auch der damalige Bundesminister der Justiz und für Verbraucherschutz Heiko Maas sah ein Problem darin, dass Algorithmen zunehmend gesellschaftliche Prozesse organisieren, ihre Operationskriterien aber unzugänglich bleiben und die Bürger Entscheidungsvorgänge (zum Beispiel bei Kreditanträgen und Stellenbewerbungen) nicht nachvollziehen können. Auf einer Tagung zur Rechts- und Werteordnung in der digitalen Welt mit dem düsteren Titel *Digitales Leben – Vernetzt. Vermessen. Verkauft? – #Werte #Algorithmen #IoT* warnt Maas vor „diskriminierenden Algorithmen“: „Die oberste Maxime unseres Zusammenlebens ist und bleibt die Würde eines jeden Menschen. ‚Computer says No‘ – das ist mit dieser Maxime nicht vereinbar. Denn zur Menschenwürde im digitalen Zeitalter gehört vor allem, dass niemals ein Mensch zum bloßen Objekt von Technik oder auch Algorithmen werden darf.“[59]

Das Problem intransparenter Algorithmen wird in der Fachwelt unter dem Begriff „Black-Box-Gesellschaft“[60] diskutiert. Es veranlasst Maas zu einer generellen, paradox anmutenden Warnung: „Technischer Fortschritt darf nicht zu gesellschaftlichem Rückschritt führen“. Paradox, weil zumeist, und zumal von Technikern, im technischen Fortschritt gerade die Voraussetzung

59 Heiko Maas: „Zusammenleben in der digitalen Gesellschaft – Teilhabe ermöglichen, Sicherheit gewährleisten, Freiheit“, 3.7.2017 (www.bvdw.org/fileadmin/bvdw/upload/bilder/events/bvdw-eventformate/digitale_ethik/2017-03-07_bmjv_digitales_Leben.html). Die Folgezitate ebd.

60 Frank Pasqualle: *The Black Box Society: The Secret Algorithms That Control Money and Information*, Cambridge, MA, London 2015.

des gesellschaftlichen gesehen wird. Und es stimmt ja: Das Smartphone erweitert die Kommunikationsmöglichkeiten, intelligente Maschinen reduzieren den Energieverbrauch. Dass die Rechnung so einfach nicht aufgeht, wird spätestens klar, wenn die einen Gentechnik als Lösung des Hungerproblems anpreisen, während andere darin die Zerstörung von Ökosystemen und die Abhängigkeit der Bauern von der Pharmaindustrie befürchten. Ebenso fraglich ist, ob die Bereitstellung von Wissen im Internet schon das Problem ungleicher Bildungschancen in Stadt und Land, reichen und armen Staaten oder unterschiedlichen sozialen Schichten löst, wie die Befürworter des *distant learning* und *online campus* suggerieren. Es ist durchaus angebracht, gegen die solutionistische Umtriebigkeit der IT-Ingenieure daran zu erinnern, dass technischer Fortschritt nicht automatisch gesellschaftliche Probleme löst – und mitunter sogar neue schafft.

Aus diesem Grund fordert Maas in seiner Rede über das „Zusammenleben in der digitalen Gesellschaft" neben dem „Transparenzgebot für Algorithmen" schließlich auch das „Recht auf eine analoge Welt". Damit wiederholt er den Ruf nach einem „Minderheitenrecht für alle Digitalverweigerer" in seinem Zeitungsartikel „Unsere digitalen Grundrechte" anderthalb Jahre zuvor.[61] Wie sich ein solches Recht in Zeiten der Digitalisierung umsetzen lässt, bleibt offen, und der Textvergleich suggeriert, dass nicht einmal der Justizminister von der Durchsetzbarkeit dieses Anspruchs überzeugt ist. Während das Minderheitenrecht für alle Digitalverweigerer 2015 noch Fahrkartenkauf und Kontoüberweisung einschloss, beschränkt sich das Recht auf eine analoge Welt 2017 aufs „häusliche Umfeld".[62] Dass es selbst dort nicht

61 Heiko Maas: „Unsere digitalen Grundrechte", in: ZEIT ONLINE, 10.12.2015 (www.zeit.de/2015/50/internet-charta-grundrechte-datensicherheit/komplettansicht).

62 Vgl. Pressemitteilung zur Tagung: „Im anschließenden Gespräch formulierte Maas ein ‚Recht auf eine analoge Welt': ‚Gerade im häuslichen Umfeld muss doch jeder den Grad und Zeitpunkt der Digitalisierung selbst

unangefochten ist, sobald der private Raum den gesellschaftlichen berührt, zeigt das „Gesetz zur Digitalisierung der Energiewende", das vom Deutschen Bundestag 2016 beschlossen wurde. Dieses Gesetz verpflichtet unter anderem zum Austausch der analogen Drehstromzähler durch „Smart Meter", um den Energieverbrauch besser koordinieren und reduzieren zu können. Da sich damit umfangreiche Nutzerprofile erstellen lassen, was gegen den Datenschutz verstößt, stimmte ausgerechnet die Grünen-Partei gegen das Gesetz, im Unterschied zur Regierungspartei des Justizministers.

Dieses Beispiel illustriert das Spannungsverhältnis zwischen individuellen Rechten und gesellschaftlichen Zielen. Zugleich bezeugt es, dass der technische Fortschritt nicht nur zu gesellschaftlichem Rückschritt führen kann, sondern dieser Rückschritt (hier die Einschränkung des Rechts auf informationelle Selbstbestimmung) gelegentlich sogar im Namen des gesellschaftlichen Fortschritts (hier die ökologischen Ziele der Energiewende) erfolgt. Das Recht auf Technikverweigerung (hier das Recht auf analoge Drehstromzähler) kann es nicht geben und sollte von Politikern auch gar nicht erst versprochen werden. Versprechen kann die Politik nur, der Technik bestimmte Rahmenbedingungen zu setzen: also den Umgang mit den Daten der Smart Meter zu regeln oder eben eine Transparenz für Algorithmen zu fordern und eine Auskunftspflicht für die Betreiber vollautomatisierter ADM-Systeme (algorithmic decision making), wie dies in der Datenschutz-Grundverordnung der EU 2018 erfolgt ist.[63]

---

bestimmen können – ich nenne das das Recht auf eine analoge Welt.'" (www.bmjv.de/SharedDocs/Pressemitteilungen/DE/2017/07032017_digitales_Leben.html;jsessionid=E01650B8EFD6FA13A30073E7A76C1D54.1_cid297).

63 Ironischerweise kann nicht einmal *innerhalb* der digitalen Welt ein Minderheitenschutz für Technikverweigerer versprochen werden, wie das am 3.7.2020 vom Bundestag beschlossene Patientendaten-Schutz-

Die Spannung, die der Justizminister zwischen technischem und gesellschaftlichem Fortschritt sieht, ist ein zentrales, unverzichtbares Thema im Rahmen einer reflexionsorientierten Medienbildung. Man muss ein Problembewusstsein auch für diese Spannung schaffen, will man die junge Generation nachhaltig darauf vorbereiten, „künftigen Anforderungen der digitalen Welt zu genügen“, wie der Beschluss der Kultusministerkonferenz zur „Bildung in der digitalen Welt“ besagt. Dies gilt zumal, wenn das „Genügen“ nicht reaktiv gemeint ist, als Erfüllung einer Erwartung, sondern proaktiv, als verantwortungsbewusste Mitgestaltung. Während dabei das illusorische Recht auf Technikabstinenz unvermeidlich zu medienphilosophischen Überlegungen zum Determinismus des Technischen führt, weisen andere Beispiele aus dem Alltag der Digitalisierung in Richtung politische Ökonomie. Dazu gehört die Entwicklung des Plattformkapitalismus und der Gig-Ökonomie als Angriff neuer digitaler Geschäftsmodelle auf alte Errungenschaften der Gewerkschaftsbewegung. Auch dies spricht Maas in seinem Grundrechte-Artikel an: als „Risiko, zum digitalen Tagelöhner zu werden“. Er fordert ein „Dumping-Verbot im Internet“ und einen „digitalen New Deal“, der die Wirtschaft politisch zügelt: „Wir müssen Big Data demokratische Regeln setzen und dürfen dies nicht länger dem Big Business überlassen.“[64] Der Bezug auf Franklin D. Roosevelts Wirtschafts- und Sozialreformen ist keineswegs überzogen, denn anderthalb Jahre später wird die *New York Times* schreiben, dass Uber und vergleichbare Plattformen die Wirtschaft in eine „pre-New-Deal era“ zurückbringen könnten, in der es für Unterneh-

---

Gesetz zeigt, wonach Versicherte nur über Smartphone oder Tablet (nicht aber mittels PC oder Laptop) den Zugriff der Ärzte auf ihre Daten regeln können (www.bundesgesundheitsministerium.de/presse/pressemitteilungen/2020/3-quartal/pdsg-bundestag.html).

64 Heiko Maas, *Unsere digitalen Grundrechte* (wie Anm. 61, S. 52)

men bezüglich der Ausbeutung ihrer Arbeiter kaum politische Hindernisse gab.[65]

Maas' Grundrechte-Katalog war die Antwort auf die Forderung seines Parteigenossen Martin Schulz, damals Präsident des Europäischen Parlaments. Schulz hatte eine „Charta der digitalen Grundrechte" gefordert mit „Leitplanken", um „etwaige Fehlentwicklungen auszuschließen beziehungsweise bereits existierende falsche Weichenstellungen wieder zu korrigieren". Wie ernst er die Digitalisierung nahm, zeigt sein Fazit, „dass jede gesellschaftspolitische Frage auch eine netzpolitische Frage ist".[66] Es ist bedauerlich, dass dieser Aufruf zu einer längst notwendigen gesellschaftlichen Debatte über die gesellschaftlichen Folgen der Digitalisierung von der Öffentlichkeit kaum vernommen wurde. Und es erstaunt, dass er im Bundestagswahlkampf 2017 selbst von seinem Autor, dann Kanzlerkandidat der SPD, völlig vergessen wurde. Weil das Thema die Mehrheit nicht interessiert? Weil es unbedeutend gegenüber dem Flüchtlingsproblem und der Terrorismusgefahr wirkt? Weil es zu technisch ist?

Gewiss: Der Großteil der Bevölkerung interessiert sich nicht für Netzpolitik. End-to-End-Verschlüsselung, Netzneutralität, Open Source Software, Störerhaftung, Bitcoin-Mining und Blockchain-Signatur – das alles ist viel zu technisch und scheint vergleichsweise unwichtig gegenüber sozialen Abstiegsängsten und Bedrohungsgefühlen zu sein. Wie viel mehr verfängt da eine Kopftuchdebatte oder der Alarm über das Auseinanderklaffen der Wohlstandsschere. Dabei sollte, richtig vermittelt, das Risiko

---

65 Noam Schreiber: „How Uber Uses Psychological Tricks to Push Its Drivers' Buttons", in: *The New York Times*, 2.4.2017 (www.nytimes.com/interactive/2017/04/02/technology/uber-drivers-psychological-tricks.html?_r=0). Zu diesem Thema inzwischen Colin Crouch: *Gig Economy: Prekäre Arbeit im Zeitalter von Uber, Minijobs & Co*, Berlin 2019.

66 Martin Schulz: „Freiheit. Gleichheit. Datenschutz. Warum wir eine Charta der digitalen Grundrechte brauchen", in: *DIE ZEIT* Nr. 48/2015, 27.11.2015 (www.zeit.de/2015/48/grundrechte-netz-datenschutz-eugh).

der digitalen Tagelöhnerschaft durchaus mit Aufmerksamkeit rechnen können, betrifft es doch die unmittelbare Zukunft vieler Arbeitsstellen und den sozialen Frieden in der Gesellschaft.

Auch über dieses Problemfeld hinaus ließen sich die möglichen Folgen von Digitalisierung und Datafizierung durchaus publikumswirksam erzählen: Geschichten vom Spion im eigenen Haus, wenn der Kühlschrank ohne mein Wissen meiner Krankenversicherung verrät, wie viel Bier ich trinke; Berichte zur Erpressbarkeit der Gesellschaft, wenn Hacker über den Toaster auf die Zentralcomputer zugreifen; oder eben Anekdoten zur Entmündigung des Menschen in alltäglichen Interaktionen durch Algorithmen, mit denen sich noch weniger reden lässt als mit gefühllosen Beamten. Der digitale Wandel enthält Aufregungspotenzial zur Genüge, das sich unschwer in eine generelle Sicherheitserzählung einbetten ließe: als disruptive Innovation, die mit Misstrauen zu beobachten und mit politischem Weitblick zu regulieren ist. Es sollte kein Problem sein, diesem Thema gesellschaftlich Gehör zu verschaffen.

Wollte man genau das vermeiden? Wollte man den Teufel der Digitalisierung nicht an die Wand malen? Nicht als technophober Bedenkenträger und kulturpessimistischer Fortschrittsmuffel dastehen? Sich nicht nachsagen lassen, gerade im rohstoffarmen Deutschland dem Versuch, mit Daten Werte zu schaffen, im Wege zu stehen und im Namen eines veralteten Datenschutzkonzepts die künftige Konkurrenzfähigkeit der heimischen Wirtschaft aufs Spiel zu setzen? Dieser Eindruck jedenfalls ergibt sich, wenn die meisten Politiker eine Allianz der Zustimmung bilden und die Digitalisierung als Naturgewalt zu betrachten scheinen, der sich die Gesellschaft nun einmal nicht entziehen könne. Wenn sie die Ratlosigkeit, wohin man eigentlich will und unter welchen Bedingungen, durch Symbole der Handlungsfähigkeit vertuschen: Open Gouvernement Websites, Breitbandausbau und viel Geld für Schulcomputer.

Versagt die Politik letztlich vor der Aufgabe, die gesellschaftlichen Veränderungsprozesse der digitalen Revolution konzeptionell mitzugestalten, statt sie der Dynamik von Technik und Wirtschaft zu überlassen? Zumindest beauftragt sie regierungsnahe Institutionen, wie den *Wissenschaftlichen Beirat der Bundesregierung Globale Umweltveränderungen*, die stattfindende Transformation zu erforschen. In den Positionspapieren dieses Beirats wird das Manko an Konzepten und Diskussion nicht übersehen, ein Manko nicht nur in Deutschland, sondern auch auf EU-Ebene. Die Diskussion der Digitalisierung, so der Befund, verenge sich auf technische Innovationen und wirtschaftliche Potenziale, während ökologische und soziale Dimensionen sowie die Verbreitung neuer Verhaltens- und Nutzungsmuster kaum Beachtung fänden.[67] Das Urteil bestätigt, dass auf höchster politischer Ebene die Analyse ebenso wenig auf den kulturstiftenden Aspekt der Digitalisierung ausgerichtet ist wie in der Schulpolitik.

Das sind schlechte Voraussetzungen für eine Ethik der Fernverantwortung, die sich nicht durch technische Neuerungen und wirtschaftlichen Erfolg korrumpieren lassen darf. Die Ethik der Fernverantwortung fragt an all den üblichen Versprechen der neuen Medien vorbei nach deren Risiken. Sie geht – wie die Dystopien – davon aus, dass Rettung unmöglich ist, wenn die Gefahr nicht als solche benannt wird, und folgt darin Martin Heideggers berühmter Interpretation der berühmten Zeilen in Hölderlins Gedicht *Patmos*: „Wo aber Gefahr ist, wächst das Rettende auch". Rettung ist demzufolge keineswegs eine automatische Begleiterscheinung der Gefahr, sondern eine Folge der Bewusstmachung. In Heideggers Worten: „Die Gefahr selber ist, wenn sie *als* die Gefahr ist, das Rettende".[68] Erkannt aber wird die Gefahr, die die

---

67 Wissenschaftlicher Beirat der Bundesregierung Globale Umweltveränderungen: *Politikpapier: Ein europäischer Weg in unsere gemeinsame digitale Zukunft*, Nr. 11, Berlin, September 2019, S. 13 und 23.

68 Martin Heidegger: *Die Frage nach der Technik*, Stuttgart: Klett-Cotta 1962, S. 41.

Technik ist, nicht, indem man sich diese als „Instrument“ vorstellt, das sich meistern lässt, sofern man sich nur entsprechend Mühe gibt – und beispielsweise anwendungsbezogene Medienkompetenz vermittelt oder Informatik zum Pflichtfach erklärt. Man muss, so Heidegger weiter, „das Wesende in der Technik“ erblicken.[69] Was Heidegger damit meint, wird verständlicher in der Formulierung Marshall McLuhens, Vater der Medienwissenschaft, der heftig der Ansicht widersprach, die konkrete Gebrauchsweise einer Technik hänge allein vom Willen des Menschen ab. Vielmehr bringe Technik ihr eigenes, ihren Gebrauch bestimmendes Wesen mit sich: „jedes Medium hat die Macht, seine eigenen Postulate dem Ahnungslosen aufzuzwingen“. Berühmt geworden ist diese Ansicht unter der Kurzformel: „the medium is the message.“[70]

Eine Variation der Aussage, dass die Technik dem Menschen ihre eigenen Verfahrensweisen aufnötigt, ist das „Law of the instrument“. Demnach könne sich der Mensch der Kraft eines Instruments nicht entziehen und setze dieses auch dort ein, wo es gar nicht passt oder besser nicht benutzt werden sollte: Wer einen Hammer hat, sucht ständig nach Nägeln.[71] In einer modifizierten Version gilt dieses Gesetz nur für den unreflektierten Menschen: Gib einem Kind einen Hammer und es wird auf alles schlagen wollen.[72] Die Abschwächung nährt die Hoffnung, dass der

69 Ebd., S. 32.

70 Marshall McLuhan, „Das Medium ist die Botschaft“, in: ders.: *Die magischen Kanale. Understanding Media*, Dresden, Basel 1995, S. 21–43, hier: 33.

71 „If one has a hammer one tends to look for nails“. Silvan S. Tomkins: „Simulation of Personality: The Interrelationships Between Affect, Memory, Thinking, Perception, and Action“, in: Silvan S. Tomkins, Samuel Messick (Hg.), *Computer Simulation of Personality: Frontier of Psychological Theory*, Cambridge, New York 1963, S. 3–57, hier: 8.

72 „Give a small boy a hammer, and he will find that everything he encounters needs pounding.“ Abraham Kaplan: *The Conduct of Inquiry: Methodology for Behavioral Science*, San Francisco 1964, S. 28.

Mensch mit zunehmendem Alter die Angemessenheit einer bestimmten Technologie besser einschätzen wird. Dabei ist Alter nicht individuell, sondern gattungsbezogen zu denken, also eigentlich auf das Alter des Instruments bezogen: Die *Menschen* werden mit zunehmendem Alter einer neuen Technologie deren Angemessenheit besser einschätzen. Was das Auto betrifft, so hat sich zumindest in den Industriestaaten teilweise die Einsicht durchgesetzt, dass der Individualverkehr nicht überall und immer die beste Lösung ist. Was das Digitale betrifft, befindet man sich offenbar noch im Kindesalter angesichts der unverkennbaren Obsession, damit auf alle gesellschaftlichen Bereiche einzuhauen, ohne dass die Notwendigkeit dazu bestünde oder die Vorteile des Einsatzes geklärt wären.

Es gibt einen zweiten Grund, die Souveränität des Menschen gegenüber seinen Erfindungen zu bezweifeln: „Die unvorhergesehenen Folgen zielgerichteter sozialer Handlung". So lautet der Titel eines Essays des Soziologen Robert K. Merton aus dem Jahr 1936, wonach die Folgen intentionalen menschlichen Handelns letztlich unkalkulierbar sind, weil Wechselwirkungen und Zusammenhänge nicht hinreichend erkannt werden. Die Gründe dafür sieht Merton in ungenügender oder fehlerhafter Analyse sowie in „emotional bias": Die erwarteten unmittelbaren Erfolge verbauen den Blick für die verdeckten langfristigen Gefahren.[73] Das damit verbundene Problem mangelnder Technikfolgenabschätzung besteht umso mehr, wenn die Technik eine so große Verwandlungsfähigkeit aufweist wie der Computer, der seine Karriere als alternative Schreib- und Rechenmaschine begann und inzwischen als neue Form nicht nur der Bibliothek auftritt, sondern auch des Rundfunks und Telefons, des Einkaufens, Feierns und selbst des Protestierens. Wie wenig man weiß, womit man rechnen muss, zeigen

73 Robert K. Merton: „The Unanticipated Consequences of Purposive Social Action" in: *American Sociological Review*, Vol 1, Nr. 6 (1936), S. 894–904, hier: 902.

Aufstieg und Fall von Facebook als vermutetes Mittel der Demokratisierung. Gerade für die digitalen Technologien gilt: Es ist zwar der Mensch, der sie schafft, aber das heißt nicht, dass er all ihre Nutzungsmöglichkeiten voraussieht oder sich der inneren Logik seiner Erfindung entziehen kann.

Wie lässt sich diese innere Logik, die Botschaft des Mediums, das Wesen der Technik besser erkennen? Folgt man der Ansicht des Philosophen Heidegger, sind Techniker keineswegs besser qualifiziert als andere und vielleicht sogar völlig ungeeignet, das Wesen der Technik zu erkennen: „Weil das Wesen der Technik nichts Technisches ist, darum muss die wesentliche Besinnung auf die Technik und die entscheidende Auseinandersetzung mit ihr in einem Bereich geschehen, der einerseits mit dem Wesen der Technik verwandt und andererseits von ihm doch grundverschieden ist." Ein solcher Bereich ist für Heidegger die Kunst, in der die großen Wesensfragen verhandelt werden. Einschlägig für das Digitale wäre demnach das, was wahlweise „digitale Kunst", „Internet Art" oder „New Media Art" genannt wird. Dort werden die Möglichkeiten (und Gefahren) digitaler Technologien ausgelotet und ins Bewusstsein des Publikums gebracht. Dort werden die Dispositive der digitalen Medien – ihre Kommunikationsformen, Darstellungsweisen, Interaktionsregeln – auf ihre kulturellen Konsequenzen hin befragt. Dass diese Werke im Kunstunterricht (und die digitalen Formen der Textproduktion im Literaturunterricht) so wenig Beachtung finden, ist bedauerlich, aber konsequent, wenn Medienbildung auf verkehrspolizeiliche und arbeitsmarktrelevante Aspekte verengt wird.[74]

74 Heidegger, *Die Frage nach der Technik* (wie Anm. 68), S. 35. Für Fallstudien zur Botschaft der digitalen Medien vgl. meine Habilitationsschrift *Textmaschinen – Kinetische Poesie – Interaktive Installation. Zum Verstehen von Kunst in digitalen Medien*, Bielefeld 2012.

Tritt die künstlerische Thematisierung der digitalen Medien weniger anspruchsvoll an, erweitert sich ihr Adressatenkreis beträchtlich. Als Unterhaltungskunst muss sie nicht auf Ausstellungsbesucher warten, sondern überrascht ein Publikum, das sich gänzlich unbekümmert zum Zweck des Vergnügens versammelt. Dies gilt für die gute alte *Lindenstraße* ebenso wie für die dichten Serien, die neuerdings das Filmgeschäft bestimmen. Und es gilt für den *Tatort*, der nicht nur für viele Bundesbürger noch immer einen festen Termin im Wochenplan einnimmt. Über den Tatort halten Diskurse zu wichtigen gesellschaftlichen Fragen Einzug in die Wohnzimmer; Fragen, die in der Bevölkerung rumoren (Migration, Neonazis, Terrorzellen), aber auch Fragen, von denen das Publikum bisher kaum wusste, dass es sie stellen muss: Fragen zu den ungewollten und unvermeidbaren Folgen der Digitalisierung.

Dem Genre entsprechend handelt es sich dabei vor allem um Risiken und Nebenwirkungen: Hassreden im Netz, Verlust der Privatsphäre, Machtübernahme durch die künstliche Intelligenz. So findet Medienbildung am Bildschirm statt; am Bildschirm des Fernsehers: nicht im Umgang mit den neuen Medien, sondern im Denken über sie. Es ist ein Denken des Verdachts, das anders als die staatlich bestallte oder akademisch organisierte Transformationsforschung nicht sachlich und systematisch vorgeht, sondern spekulativ und spektakulär. Das Ziel ist trotzdem das gleiche: die Gefahr *als* Gefahr vernehmbar zu machen. Im Unterschied zur pragmatischen Medienbildung geht es nicht darum, die aktuellen Verkehrsregeln des Internets zu vermitteln, sondern darüber nachzudenken, oder eben ästhetisch-fiktional zu spekulieren, was die künftigen Folgen aktueller Entwicklungen sein könnten. Die Aufmerksamkeit verschiebt sich von der instrumentellen Medien*nutzung*skompetenz zur kritischen Medien*reflexion*skompetenz: vom verkehrspolizeilichen Modell der Medienbildung zum kriminalpolizeilichen.

5 Mordkommission

Im Dresdner Tatort *Level X*, ausgestrahlt im Juni 2017, geht es um den Mord an einem Prankster, den Tausende seiner Fans live am Smartphone miterleben, und um die Hilflosigkeit der Eltern angesichts der Internetkultur ihrer Kinder. Stellvertretend für all die überforderten Eltern ruft Kommissariatsleiter Schnabel schließlich aus: „Kann nicht mal jemand dieses verdammte Internet abstellen?“ Schnabels denkbar unsinniges Ansinnen stellt die Machtfrage aus Polizeisicht: Wem gehört das Internet? Wer hat den Schlüssel? Die Antwort, dass es den jungen Leuten im Film ebenso gehört wie dem Kommissar, der es zum Online-Dating nutzt, ist zwar richtig, verpasst aber trotzdem das eigentliche Problem. Die Machtfrage stellt sich nicht nur zwischen den Menschen, sondern auch zwischen Mensch und Technik. In den medienwissenschaftlichen Debatten wird diese Frage, wie gesehen, als Gesetz der Technik und Botschaft des Mediums verhandelt.

Das eindringlichste Beispiel für die ungewisse Macht des Menschen über seine Erfindungen bietet die künstliche Intelligenz. Dass der Mensch vor dem Eigenleben solcher Geschöpfe nicht sicher ist, ist ein alter literarischer und filmgeschichtlicher Topos, an den zwei weitere Tatort-Episoden anknüpfen: der Stuttgarter Tatort *HAL* im August 2016 und der Bremer Tatort *Echolot* im Oktober 2016. In beiden Fällen wendet sich ein Computerprogramm gegen seine Schöpfer, die es aus Angst vor unkontrollierbaren Entwicklungen abschalten wollen. In beiden Fällen erweist sich die künstliche Intelligenz als resistent gegen die Maßnahmen, die im *Reboot-* und *Corrigibility*-Modell Rettung im Ernstfall versprechen. In beiden Fällen mit Todesfolge für den Menschen.

Diese Konstellation ist eine Steilvorlage dafür, mit den Schülern Geschwindigkeit und Risikobedenken im Prozess der Digitalisierung zu diskutieren. Als Erwärmung könnten die bizarren kriminalistischen und juristischen Fragen dienen, die *Echolot*, wo die KI die Bremsen im Auto ihrer Programmiererin manipuliert, mit sich bringt: Wer ist eigentlich zu verhaften, wenn ein Computerprogramm die Person umbringt, von der es geschaffen wurde, und nun gelöscht werden soll? Das Programm? Das Opfer? Und was wäre der Tatvorwurf: Mord? Selbstverteidigung? Oder handelt es sich um eine neue, höchst symbolische Form von Selbstmord durch die Schaffung unkontrollierbarer Programme? Ein Selbstmord, der zugleich den Tatbestand der fahrlässigen Tötung enthält, weil die Gefahr, die von der technischen Erfindung ausgeht, mit dem Tod des Opfer-Täters nicht endet. In zwei, drei Schritten ist man vom popkulturellen Anlass bei abgrundtiefen philosophischen Fragestellungen.

Solche Szenarien als bloße Fiktion abzutun, verkennt den Ernst der Lage, und zwar erst recht, wenn die kriminelle Energie noch im Menschen steckt statt in der künstlichen Intelligenz. Die Frage ist nicht, wie real die schon im Dezember 2012 in der *Homeland*-Episode *Broken Hearts* vorgeführte Tötungsart durch einen Hack des Herzschrittmachers bereits ist. Die Frage ist, welch neue Formen des Verbrechens die Digitalisierung über die Gesellschaft bringt. Werden wir irgendwann alle mit Ransomware im Getriebe fahren und wie mafiakontrollierte Ladenbesitzer regelmäßig unsere Schutzzölle errichten, damit das Lenkrad in der Kurve nicht versagt? Werden wir in unseren eigenen Häusern unter Arrest stehen, bis das Lösegeld gezahlt ist oder der Schlüsseldienst kommt, um das smarte Türschloss zu öffnen?

Die Phantasie der Schüler für künftige Straftaten lässt sich leicht in eine engagierte Diskussion zum Pro und Contra der Digitalisierung überführen. Schnell wäre man dabei, jenes kritisch-reflexive Verhältnis zu den digitalen Medien zu entwickeln, das in den offiziellen Dokumenten zu Medienbildung zwar regelmäßig als Zielpunkt erscheint, in der Ausführung aber leicht als

Unterpunkt verlorengeht.[75] Statt über die effektive Suche nach Information und die sichere Speicherung und Mitteilung von Daten, statt über die wirkungsvollste Bearbeitung und Präsentation von Inhalten in verschiedenen Formaten, statt über die fehlerfreie Strukturierung algorithmischer Sequenzen würde man über das sprechen, was wirklich wichtig ist, um die Zukunft zu verstehen und zu meistern. Dass diese Zukunft voll spannender Gefahren ist, zeigen nicht nur die erwähnten Tatort-Episoden. Ebenso inspirativ sind die schwedische TV-Serie *Real Humans* und zumal die britische TV-Serie *Black Mirror* oder die Science Fictions von Philipp K. Dick und Isaac Asimov. Man muss als Lehrerin die Bälle solcher Film- und Textvorlagen nur richtig auffangen und schon hat man die Schüler verwickelt in eine komplexe Diskussion zur Digitalisierung jenseits der pragmatischen und vergleichsweise banalen Frage, wie man eine App öffnet, eine Website baut oder seine Daten vor Verlust sichert.

Die Voraussetzung für eine solche Diskussion sind nicht digitale Geräte, sondern didaktische Fähigkeiten. Über das Digitale kann man auch, und vielleicht sogar besser, analog sprechen. Für die Signalverarbeitung, auf die es dabei ankommt, ist geschickte Diskussionsführung wichtiger als Bandbreite. Dazu gehört durchaus, dass man sein Publikum dort abholt, wo es sich befindet, nicht in technischer, aber intellektueller Hinsicht. So lautet die philosophische Frage nach der Macht der Technologien – Wesen, Gesetz, Botschaft des Mediums – in der unterrichtsfähi-

---

75 Das Strategiepapier der Kultusministerkonferenz vom Dezember 2016 listet Medienreflexionskompetenz erst im letzten Unterpunkt der sechs erstrebten Kompetenzbereiche (6.2. „Medien in der digitalen Welt verstehen und reflektieren"), nach der sicheren und zweckgerichteten Nutzung der Medien, Urheberrecht und Etikette der Online-Kommunikation. Kultusministerkonferenz: *Bildung in der digitalen Welt. Strategie der Kultusministerkonferenz*, Beschluss vom 8.12.2016, S. 16–19 (www.kmk.org/fileadmin/Dateien/veroeffentlichungen_beschluesse/2018/Strategie_Bildung_in_der_digitalen_Welt_idF._vom_07.12.2017.pdf).

gen Übersetzung schlicht und erfahrungsbezogen: Beherrschst du dein Handy oder beherrscht es dich? Das Diskussionsresultat wird mit großer Wahrscheinlichkeit besagen, dass es zwar möglich ist, sich den Postulaten der digitalen Medien zu entziehen und etwa eine WhatsApp-Message wie einen Brief zu behandeln (statt sie prompt und kurz zu beantworten) oder ein Facebook-Update mit einem ausführlichen Kommentar zu bewerten (statt mit einem raschen Like). Zugleich werden sich die meisten Schüler jedoch einig sein: Dies wäre so unmöglich und uncool wie eine Annonce an der Hauswand abzuschreiben statt ein Foto zu machen.

Etwas komplizierter, aber ebenso erfahrungsbezogen, wäre die Frage, inwiefern die digitalen und sozialen Medien Falschmeldungen und Hassreden nicht nur zulassen, sondern durch ihre Kommunikationsbedingungen geradezu befördern. Sind Hassreden und Falschmeldungen die Botschaft, sind sie das Wesen der sozialen Netzwerke? Das Ergebnis der Selbstanalyse – wann wer wie welche Posts mit wem teilt – lässt sich vermutlich leicht als Zwischenfrage zusammenfassen: Hat sich der Mensch hier eine Technik geschaffen, die ihn zur Selbstbestätigung im Sinne einer informationsspezifischen Fremdenfeindlichkeit verführt? Eine Technik also, die jene menschlichen Eigenschaften, die man sich eigentlich abtrainieren sollte, noch zusätzlich forciert? Nicht auszuschließen, dass die Betrachtung schnell vom Anthropologischen zum Ökonomischen wechselt und der Grund des Übels weniger im Wesen als im Geschäftsmodell der sozialen Netzwerke gesehen wird. Denn es hat sich inzwischen herumgesprochen: Weil Facebook Nutzerdaten und Werbekontakt verkauft, will es die Nutzer möglichst lange auf der Webseite halten. Dies erreicht es durch Newsfeed-Filter, die nicht das Sachliche, Anstrengende oder der eigenen Position Widersprechende favorisieren, sondern das Spektakuläre, Unterhaltsame, Bestätigende. Sind es also handfeste Profitinteressen, die zur Kultur des Sensationalismus, der Simplifizierung und der Konfrontation führen, die jetzt vielerorts als Gefährdung der Demokratie beklagt wird? Wäre ein anderes Geschäftsmodell oder gar die Verstaatlichung, die mancherorts gefordert wird, eine Lösung? Wäre man bereit, für sein soziales Netzwerk einen Monatsbeitrag zu zahlen? Sollte dieser Dienst, der inzwischen zu den kommunikativen Grundbedürfnissen des Menschen gehört, gar durch Steuergelder finanziert werden? Wieder wäre man verwickelt in Fragen, die nicht einfach zu klären sind, aber behandelt werden müssen, will man die Jugend für Gegenwart und Zukunft der Digitalisierung fit machen.

Nicht minder spannend ist die Frage, wie sich das Erinnern verändert, wenn es eines Tages Kontaktlinsen mit eingebauter Kamera gibt, die bei Erregung das, was man erlebt, aufnimmt und direkt in die Cloud speichert, wie es der Frankfurter Tatort *Wendehammer* im Dezember 2016 durchgespielt hat. Die Idee der internen Aufzeichnung und externen Wiedergabe von Erlebnissen beschäftigt die unterhaltungskünstlerische Diskussion der Digitalisierung seit den 1990er Jahren. In den USA erschien dazu 1995 Kathryn Bigelows *Strange Days*, wo aufgezeichnete Erlebnisse (von Sex und Gewalt) wie Drogen gehandelt werden; in Großbritannien thematisiert 2011 die *Black Mirror*-Episode *The Entire History of You* die Möglichkeit, alle Erlebnisse aufzuzeichnen und auf einem externen Bildschirm abzuspielen; in Deutschland widmete sich schon 1991 Wim Wenders dem Thema: In *Bis ans Ende der Welt* schauen schließlich alle Figuren nur noch in ihre Bildschirme, auf denen sie ihre eigenen Träume sehen und ihrer unterbewussten Vergangenheit auf die Spur zu kommen hoffen. Ist die Aufzeichnung – und externe Analyse – des Erlebten und Geträumten der nächste Schritt der Transparenzkultur? Ist es das Ende des Vergessens – und des Erinnerns? Auch in diesem Fall können der *Tatort* und seine genrespezifischen Geistesverwandten Ausgangsort für eine philosophische Diskussion sein. Auch hier lässt sich am Beispiel neuer Technik eine komplexe Diskussion des Menschlichen und Gesellschaftlichen anstoßen.

Wie auch immer die Unterrichtsschritte aussehen, die der Besprechung des Tatorts folgen, stellt sich die Lehrerin klug an, haben die Schüler am Ende das komplexe Beziehungsgeflecht von technischen Bedingungen, anthropologischen Dispositionen, ökonomischen Interessen und politischen Konsequenzen besprochen und mindestens dies verstanden: Die Frage, wie Technik Gesellschaft verändert, ist abhängig nicht allein, aber auch vom Menschen, von den Bürgern dieser Gesellschaft. Voraussetzung für diese Erkenntnis sind nicht Computer im Klassenraum, sondern Lehrer, die in größeren Zusammenhängen denken und in der Lage sind, diese Zusammenhänge didaktisch runterzubrechen. Man ist dann weit über den Ansatz hinaus, den richtigen Umgang, in technischer und sozialer Hinsicht, mit der neuen Technik zu lehren. Man ist auf der Suche nach der kulturstiftenden Wirkung der Medien, nach ihrem Wesen, ihrer Botschaft, ihrem Gesetz. Darin liegt die Chance der Lehrer: dass sie sich als Kriminalkommissare betätigen, statt bloß gute Verkehrspolizisten sein zu wollen.

Was sind das für Zeiten, da auf Internetplattformen Schüler ihre Lehrer bewerten und Eltern die Schulen ihrer Kinder. Was sind das für Zeiten, da Gymnasiasten die Kommentare ihrer 100 000 Fans lesen, während die Lehrerin vom antifaschistischen Widerstandskampf erzählt. Die digitalen Medien haben das Verhältnis von Lehrern und Schülern keineswegs vereinfacht. Wie begegnet eine Lehrerin einer Schülerin, die als YouTube-Star auf *Beauty Community* eine halbe Million Views pro Woche erhält und dabei ist, die Marketingstrategien der Kosmetikindustrie zu ändern. Während die Lehrerin der Klasse anhand von literarischen Texten die Irrungen und Wirrungen des menschlichen Lebens zu erklären versucht und von toten Männern namens Werther, Faust und Hamlet spricht, denkt die Schülerin darüber nach, welchen YouTube-Star sie nächste Woche in ihre Sendung einladen könnte, und schickt, noch als die Hausaufgabe erklärt wird, eine Anfrage an Stefania, die vor einem halben Jahr mega cool und für alle sichtbar ihre Geschlechtstransformation zur Frau begann und aktuell super hot in der Szene ist.

Noch schlimmer als von toten Männern zu reden ist, wenn Lehrer den Schülern das Internet erklären wollen. Selbst wenn sie frisch vom Studium kommen und altersmäßig den sogenannten „digital natives" angehören, sie werden ihren Schülern aussichtslos unterlegen sein. Es stimmt zwar: Auch sie nutzen Google, haben ein Handy und sind auf Instagram. Aber ‚können' sie auch die neuesten Apps? Posten sie TikToks? Nutzen sie Twitch? Kennen sie 4chans Pepe? Kennen sie Stefania? Es ist ein Hase-und-Igel-Wettlauf, den die Lehrerinnen nicht gewinnen können. Irgendein Schüler ist immer schon dort, wo sie erst noch ankommen müssen. Müssen sie? Müssen die Lehrer wirklich das neueste Facebook-Meme und die angesagtesten YouTube-Stars kennen? Fällt das noch in die Sparte Medienbildung oder ist das schon Jugendkultur, die besser den Schülerinnen überlassen bleiben sollte?

Um Missverständnissen vorzubeugen: Natürlich sollten Lehrer wissen, wie man Computer bedient, Apps installiert, schwere Dateien über eine Cloud bereitstellt und Anhänge oder Betreffzeilen von E-Mails so beschriftet, dass die Empfänger schnell erkennen, worum es sich handelt. Das ABC der Mediennutzung darf keine Lehrerin unterbieten. Aber man sollte aufhören, den Lehrern fortwährend ein falsches Gefühl der Unzulänglichkeit zu vermitteln, wie es allenthalben geschieht, selbst noch von höchster Stelle. Wenn die Vorsitzende der Kultusministerkonferenz auf dem Nationalen IT-Gipfel 2016 erklärt, die Lehrer müssten sich nicht schämen, falls die Schüler mal mehr wissen, signalisiert der Applaus, den diese Bemerkung einfährt, ein Verständnis, das in die falsche Richtung weist. Das gilt ebenso für die Bundeskanzlerin, die auf der gleichen Veranstaltung angesichts des Wissensvorsprungs der Schüler gegenüber den Lehrern in Sachen Medienbildung an die frühen 1990er Jahre denkt, als sich die Ostdeutschen von viel jüngeren Westdeutschen sagen lassen mussten, was sie alles *nicht* wissen. Der historische Vergleich der „digital immigrants" mit der Immigration der Ostdeutschen in das westdeutsche Gesellschaftssystem ist zwar instinktsicher, aber nicht konsequent. Er hätte die nicht immer nur ahnungslose, sondern oft auch kritischere Haltung der Ostdeutschen gegenüber der gesellschaftlichen Struktur, in die sie 1990 immigrierten, akzentuieren sollen. Wer sich in ein System – ein politisches, sprachliches oder eben mediales – begibt, statt mit ihm aufzuwachsen, verhält sich reflektierter dazu. Das ist kein Nachteil, für den die ‚armen Lehrer' Nachsicht verdienen, sondern ein Vorteil, den man als solchen auch herausstellen sollte, als epistemologischen Mehrwert des Transits.[76]

Sollen Lehrer den Schülerinnen das Internet erklären, haben sie nur dann eine Chance, wenn sie es als Immigrantinnen und Kriminalkommissare tun. Sie sollten zum einen wie Immigranten das neue Umfeld mit der Distanz und Skepsis dessen betrachten, der einen Vergleich zum früheren Umfeld hat – und zum Beispiel weiß, was verlorengeht, wenn der Hypertext das Buch ablöst oder ein Erlebnis nicht mehr beschrieben wird, sondern noch vor Ort als Foto mitgeteilt. Zum anderen sollten sie, wie Kriminalkommissare angesichts verdächtiger Aktivitäten skrupelloser Start-up-Hipster, fragen, ob ein Verbrechen vorliegt und wer nach welchem Gesetz zu verhaften wäre. In den erwähnten *Tatort*-Sendungen sind die Polizisten diesbezüglich zumeist ratlos:

---

76 Angela Merkel sprach auf dem Nationalen IT-Gipfel am 17.11.2016 von einer Zeit, da „lauter junge Lehrer kamen und die Ostdeutschen Arbeitnehmer und Arbeitnehmerinnen in den neuen Fähigkeiten trainiert und qualifiziert haben, und das ist nicht einfach, weil wir alle darauf ausgerichtet sind, dass wir weiser werden, je älter wir werden, und dass wir natürlich hierarchisch auch nach oben klettern und nicht am Ende unsres Berufslebens erleben, was wir alles nicht wissen." (www.youtube.com/watch?v=m_OkET8Ic8E – Min. 4:20ff.). Zur Rede der Vorsitzenden der Kultusministerkonferenz Claudia Bogedan vgl. www.youtube.com/watch?v=MuE73DBgxYA&t=407s.

Pranks sind eher als Schabernack zu betrachten; die Veröffentlichung von Pseudo-Snuff-Videos als Betrugsversuch zu belangen wäre absurd; Prostitutions-Plattformen sind online so legitim wie offline; die Entwicklung von künstlicher Intelligenz oder technischen Erinnerungshilfen wird nicht als Verbrechen angesehen, sondern als technischer Fortschritt.

Ganz gleich aber, welche Antworten die Fernsehkommissare auf ihre Fragen finden, ihre Unsicherheit ist pädagogisch von Vorteil, wenn Lehrerinnen sie didaktisch zu nutzen wissen. Man muss diesen Fragen, wie einfach und hilflos sie auch daherkommen mögen, in geschickter Unterrichtsführung ihre politische Bedeutsamkeit und philosophische Wucht entlocken. Als Ausgangspunkt eignet sich dazu selbst die lächerliche Forderung nach Abschaltung des Internet – oder ein unschuldiges Kinderlied aus der Biedermeier-Zeit.

Am Anfang des Tatorts *HAL* pfeift ein Mädchen auf dem Weg durch einen Waldstreifen das wohl allen Zuschauern bekannte Lied „Hänschen klein" des Dresdner Lehrers Franz Wiedemann aus der Mitte des 19. Jahrhunderts, bevor es im Fluss eine Leiche sieht und mit einem Stock nach ihr wirft. Der Stock verwandelt sich im Flug in eine Wurfscheibe, auf die der Protagonist des Filmes, ein Start-up-Hipster, in einem Sportschützenklub zielt. Cineasten erkennen diesen Szenenwechsel leicht als Anspielung auf Stanley Kubricks *2001: A Space Odyssey* von 1968, wo am Anfang ein Knochen, von einem Menschenaffen in die Luft geschleudert, zu einem Raumschiff mutiert, in dem der Computer HAL sich gegen die Astronauten auflehnt und bei seiner Deaktivierung „Hänschen klein" singt – jedenfalls in der deutschen Fassung, in der englischen ist es das Liebeslied „Daisy Bell". Im Tatort *HAL* wird der Computer später ebenfalls „Hänschen klein" pfeifen, diesmal jedoch nicht angesichts seines Untergangs, sondern im Moment seines Triumphs, als er das System erfolgreich unter seine Kontrolle gebracht hat.

Der Auftritt dieser beiden Lieder in Filmen über renitente künstliche Intelligenz hat den banalen Grund, dass sie es waren, die zuerst von einem Computer intoniert beziehungsweise gesungen wurden: „Hänschen klein" 1958 vom deutschen Computer Zuse 22 und „Daisy Bell" 1961 vom amerikanischen IBM 704.[77] Wie durchdacht die Wahl gerade dieser Lieder für einen Auftritt im Computer war, ist ungewiss. Hatten die Mitarbeiter von Konrad Zuse, die dem Computer 1958 die Audiowiedergabe des Liedes als Jux einprogrammierten, sich selbst als jenes Kind verstanden, das in die weite Welt der künstlichen Intelligenz aufgebrochen ist? Da das Lied nur intoniert wird, bleibt offen, wie die Analogie zu lesen ist. Denn während in der Originalform des Textes Hänschen zu Hans wird, ehe er heimkehrt, suggeriert die populäre Kurzfassung, der die Mittelstrophe des Originals fehlt, den Abbruch des Abenteuers und die rasche Heimkehr Hänschens in die Arme der weinenden Mutter.

Welche Fassung singt HAL in Kubricks Film und was soll es bedeuten, dass der Computer im Tatort *HAL* im Moment seines Triumphes dieses Lied anstimmt? Das Unterrichtsgespräch, das aus solchen Fragen entsteht, könnte zunächst zum Befund vorstoßen, dass es sich hier eigentlich um einen gesungenen ‚Bildungsroman' in Kurzform handelt: Hänschen muss Hans werden, muss im Erfahren und Gestalten der Welt reifen. Der nächste Gedanke läge darin, dass dieser Roman über die Entwicklung eines Individuums hinaus zugleich von der menschlichen Geschichte handelt. Auch der Mensch muss in die große weite Welt hineingehen, muss seine Umwelt ergründen, sie erobern, sie zu seinen Zwecken verändern. Und zwar radikal und permanent.

77 „Daisy Bell" war das erste von einem Computer *gesungene* Lied im Jahr 1961, das nicht nur in Kubricks *2001* erscheint, sondern auch im Animationsfilm *Robots* (2005), wo der Computer Bigweld „Daisy Bell" singt, während er repariert wird. Stefan Höltgen: „Zelluloidmaschinen. Computer im Film" in: Kay Kirchmann, Jens Ruchatz (Hg.): *Medienreflexion im Film: Ein Handbuch*, Bielefeld 2014, S. 293–316, hier: 302.

Bis der Gebrauch seiner Vernunft, die ihn von allen anderen Lebewesen unterscheidet und erst die Gestaltung der Welt ermöglicht, ihn befähigt, künstliche Intelligenz zu schaffen.

Schafft er sich damit seinen größten Feind, wie verschiedene Szenarien suggerieren, in denen die künstliche Intelligenz den Menschen unterdrückt und bekämpft: von Frankenstein über HAL bis zu VIKI, dem Zentralcomputer in der KI-Science-Fiction *I, Robot*. Oder schafft er sich einen neuen Gott, der viel effektiver und effizienter als der Mensch Daten prozessieren kann und deswegen auch besser als der Mensch weiß, was für ihn gut ist? Dieser Ausgang, den Yuval Noah Harari in seinem Buch *Homo Deus: Eine Geschichte von Morgen* prophezeit, radikalisiert das Verständnis von Technikgeschichte als zunehmende Entlastung des Menschen bis hin zur Entscheidung über das eigene Dasein. Wenn Algorithmen und KI dem Menschen die Erkenntnis von Gut und Böse und die daraus folgenden Entscheidungen abnehmen, kehrt der Mensch im Grunde zurück in den Zustand vor dem Sündenfall. Wird Hans also wieder zum Hänschen?[78]

An dieser Stelle ist das Unterrichtsgespräch längst vom *Tatort* und seinem Biedermeierlied in die Sphären geschichtsphilosophischer Überlegungen und metaphysischer Spekulationen vorangeschritten. Eine Erdung ist möglich, wenn die Frage des *Tatort*-Kommissars Schnabel, ob nicht jemand das Internet abstellen könne, allgemeiner formuliert wird: Kann man Forschung und Fortschritt abstellen? Kann die Gesellschaft ihren technischen Fortschritt regulieren und unerwünschte Entwicklungen durch ein Forschungsverbot, das es ja auch für Gentechnik und Reproduktionsmedizin gibt, verhindern?

Die Erdung kann leicht bei den Dialogen des *Tatorts* ansetzen, die individuelle Reaktionsweisen auf technische Innovatio-

---

78 Für diese Perspektive vgl. das Kapitel „List der Vernunft“ in meinem Essay *Todesalgorithmus: Das Dilemma der künstlichen Intelligenz*, Wien 2020, S. 89–119.

nen durchspielen und so beispielhaft die Gespaltenheit der Gesellschaft anzeigen, die sich gewiss auch im Klassenverband finden lässt. In *HAL* ist es erstaunlicherweise der ältere Polizist, der zur Überwachung durch künstliche Intelligenz sagt: „So ist das nun einmal", und auf die vorwurfsvolle Nachfrage seines jüngeren Kollegen „Und damit findest du dich ab?" entgegnet: „Soll ich mein Handy wegschmeißen?" Kein tiefgreifender Dialog, gewiss, aber eine gute Vorlage für die Klassendiskussion: Wer würde sein Handy wegschmeißen? Wie lange? Was sind weniger radikale Alternativen?

Es mag im Lehrplan nicht vorgesehen sein, philosophische Fragen des technischen Fortschritts anhand eines Kinderliedes und eines Kriminalfilms abzuhandeln. Genau hier aber liegt die Chance für Lehrer, die sich nicht mit vorauseilender Angst vom technischen Mehrwissen ihrer Schüler einschüchtern lassen und kreativ genug sind, die neuen Medien anhand von alten Texten zu diskutieren: sei es das Kinderlied aus dem Biedermeier, seien es Kafkas Texte „Vor dem Gesetz", „Der Prozess" oder „Die Verwandlung", die im Tatort *HAL* als Titel zwischen den Filmabschnitten auftreten (mögliche Hausaufgabe: Finden Sie heraus, warum!), oder seien es Shelleys Roman *Frankenstein* von 1818 und Goethes Ballade *Der Zauberlehrling* von 1797 als klassische Beispiele avant la lettre für die Wendung der künstlichen Intelligenz gegen ihren Schöpfer.

Um diese Diskussion zu beginnen, benötigt es keine systematische medienwissenschaftliche Ausbildung auf Seiten der Lehrer. Für den Anfang genügen: eine gewisse Vertrautheit mit dem *Tatort* und vergleichbaren Produkten der Popkultur, eine entsprechende pädagogische Interessenlage, ein didaktisches Gespür dafür, wie sich Schüler für ein Gespräch in die gewünschte Richtung motivieren lassen, eine berufsspezifische Neugier für Details, wie dem Auftreten eines Kinderliedes in einem Film über künstliche Intelligenz, und natürlich die Kompetenz, die digitalen Medien zur Klärung dieser Details effektiv zu nutzen, also einer

Suchmaschine die entsprechenden Antworten zu den gefundenen Fragen abzuringen.[79]

Der kurze Blick auf deutsche Kriminalfilme illustriert nicht nur die andere Statur der Fragen, die sich kriminalpolizeilich im Kontext der Digitalisierung ergeben. Er lässt auch ahnen, wie sich das kriminalpolizeiliche Modell der Medienbildung vom verkehrspolizeilichen unterscheidet. Das verkehrspolizeiliche Modell würde Goethes Ballade vielleicht als Computeranimation aufpeppen und mit viel technischem Aufwand gerade über das Technische selbst – sein Wesen, seine Botschaft, sein Gesetz – *nicht* sprechen. Das kriminalpolizeiliche Modell hingegen macht – ganz ohne Computer – das Technische in allen drei Zeitformen zum Thema, indem es geschickt vom Tatort zu Goethe führt und von dort zurück in unsere Zukunft mit Fragen, die am Ende mit dicker Kreide eindringlich an der Tafel oder mit Großbuchstaben in der Rundmail stehen: Welche Geister rufen wir eigentlich? Welche davon wollen wir wieder loswerden? Welche sollten wir gar nicht erst wecken?

---

79 Dass eine tiefergreifende Vermittlung von Medienreflexionskompetenz schließlich mehr benötigt als guten Willen und dass die notwendigen Kenntnisse dazu von Lehrern kaum im individuellen Abendstudium erworben werden können, sondern in entsprechenden Modulen als Teil des Lehrerstudiums erworben werden müssen, kann hier nur angemerkt werden. Für Überlegungen und Vorschläge dazu vgl. das Kapitel „Digitale Immigranten“ in meiner Studie *Stumme Medien* (wie Anm. 5, S. 13), S. 134–153.

6 Vorfahrtsregeln

Die Kriminalkommissare des deutschen *Tatorts* sprechen natürlich nicht im Namen der Polizei, sondern im Namen der Kunst, genauer: im Namen der Unterhaltungskunst, um nicht zu sagen der Kulturindustrie, die offenbar gesellschaftskritischer ist, als die Vertreter der Kritischen Theorie einst für möglich hielten. Gesellschaftskritischer auch, als der Polizei lieb sein kann. Denn in die Schusslinie der Fernsehkommissare geraten sogar die eigenen Kollegen, wenn in *HAL* aufgedeckt wird, dass das Landeskriminalamt heimlich die künstliche Intelligenz des Start-ups für die Terrorbekämpfung einsetzt und somit den Grundstein legt für die Totalüberwachung der Bevölkerung.

Solche Enthüllungen gehören zum Genre. Auch in der *Black Mirror*-Episode *Hated in the Nation* stellt sich heraus, dass die Autonomous Drone Insects (kleine Roboter mit Kamera) nicht nur die Bestäubungsarbeit der ausgestorbenen Bienen übernehmen, sondern zugleich vom staatlichen Geheimdienst als Überwachungskameras mit Gesichtserkennungssoftware genutzt werden. Zudem weiß man aus aktuellen Debatten zu Vorratsdatenspeicherung und „predictive policing", dass die Polizei in digitaler Technik, mehr als den Datenschützern recht ist, ihren Freund und Helfer sieht, mit dem sich der Auftrag, den sie von der Gesellschaft erhielt, effizienter erfüllen lässt. Nein, die Filmkommissare treten, wenn sie den Schrecken polizeilicher Totalüberwachung in die deutschen Wohnzimmer bringen, nicht als Kollegen der Polizei auf. Eher sind es Bürgerbewegte in Uniform aus der Kostümabteilung der Kulturindustrie.

Ein weniger eindeutiges Szenario des polizeilichen Missbrauchs digitaler Technik ist die Vernetzung der Fahrzeuge untereinander als logische Konsequenz des autonomen Fahrens. Wenn die intelligenten Autos untereinander kommunizieren, reicht das vorausschauende Fahren bis um die Ecke, was die Anzahl an Unfällen drastisch senken wird. Die Vernetzung schafft allerdings auch die Begehrlichkeit eines ferngesteuerten Zugriffs auf die Fahrzeuge flüchtender Krimineller, die sich dann ganz ohne Verfolgungsjagd und Nagelteppich zum Stehen bringen lassen. Eine Begehrlichkeit, die Polizeibeamte auf EU-Ebene schon vor Jahren nicht länger verhehlten.[80]

Problematisch ist im Grunde aber schon die Hoffnung auf den Bordcomputer als Musterfahrer, der sich strikt an Geschwindigkeitsbegrenzungen und Vorfahrtsregeln hält. Dies ergibt ein Gutachten der Ethik-Kommission „Automatisiertes und Vernetztes Fahren" im Juni 2017, wonach die angestrebte Totalvernetzung die Gefahr der Totalüberwachung mit sich bringe. Die technische Durchsetzung der Verkehrsregeln bedeutete einen „gesellschaftlichen Paternalisierungsschub", der trotz unbestreitbar guter Absichten „dem Leitbild des mündigen Bürgers widersprechen" und „die Grundlage einer humanen, freiheitlichen Gesellschaft untergraben" würde. Denn: „Ausdruck der Autonomie des Menschen ist es, auch objektiv unvernünftige Entscheidungen wie eine aggressivere Fahrhaltung oder ein Überschreiten der Richtgeschwindigkeit zu treffen."[81] Das autonome Auto könnte sich als trojanisches Pferd erweisen, mit dem zugunsten einer „auf Effizienz beruhenden digitalen Verkehrsinfrastruktur" und des „Zugewinns an Komfort und Verkehrssicherheit" die Einschränkung von Freiheit und Autonomie gerechtfertigt wird. Ganz zu schweigen von der Gefahr einer zentralen Verkehrssteuerung für die „Freiheit des Einzelnen, sich unerkannt, unbeo-

---

80 „EU has secret plan for police to ‚remote stop' cars", in: *Telegraph*, 29.1.2014 (www.telegraph.co.uk/news/worldnews/europe/eu/10605328/EU-has-secret-plan-for-police-to-remote-stop-cars.html).

81 Ethik-Kommission Automatisiertes und Vernetztes Fahren, Bericht von Juni 2017, S. 20f. Die Folgezitate S. 24 (www.bmvi.de/SharedDocs/DE/Publikationen/DG/bericht-der-ethik-kommission.pdf?__blob=publicationFile).

bachtet und frei von A nach B bewegen zu können". „Autonomes Fahren ginge zu Lasten autonomen Alltagshandelns"; technischer Fortschritt als Vehikel des gesellschaftlichen Rückschritts.

Die Perspektive der Ethik-Kommission mag überraschen, ist aber tief verankert in der deutschen Geistesgeschichte: in Kants Moralphilosophie, wonach gutes Handeln nur dann moralisch ist, wenn es freiwillig (also aus Pflichtgefühl) geschieht, und in Leibniz' Lösung des Theodizee-Problems, wonach es das Übel in der Welt geben muss, damit das Gute sich beweisen kann. Wird das richtige Verhalten technisch durchgesetzt, gibt es nur noch richtiges Verhalten (im Sinne der Handlungskonsequenzen), aber kein moralisches mehr (im Sinne der Willensfreiheit). Es entspräche sozialtechnischen und behavioristischen Kontrollphantasien, denen es nicht um den mündigen Bürger geht, sondern um die stabile Gesellschaft.

Tief verankert in deutschen Moralvorstellungen ist auch die Warnung der Kommission vor der Aufrechnung potenzieller Opfer in einem unausweichlichen Unfall. Eine solche Aufrechnung widerspräche dem Deutschen Grundgesetz, wonach das Leben eines Kindes nicht mehr wert ist als das eines Greises und das von fünf Menschen nicht mehr als das von einem. Was aber heißt dies konkret für die Algorithmen, die ja für Unfallsituationen programmiert werden müssen? Überlässt man es also einem Zufallsgenerator, ob das Fahrzeug die Senioren oder das Kind erfasst? Überlässt man es der Zukunft, diese Aporie zwischen ethischem Grundprinzip und technischer Notwendigkeit zu klären?[82] Diese Frage klärt der Bericht so wenig wie die der „Systeminstabilität", die mit der Digitalisierung des Verkehrs einhergeht, durch die Gefahr von Systemausfällen und Hackerangriffen. Dazu heißt es: „Eine solche Systemanfälligkeit ist allerdings utili-

---

82 Ebd., S. 18. Ich diskutiere die ethischen Implikationen des autonomen Fahrens im ersten Kapitel meines Essays *Todesalgorithmus* (wie Anm. 78, S. 72), S. 15–53.

taristisch verantwortbar, sofern die Risiken als gering zu bewerten sind."[83] Wie aber berechnet man die Grenze des Hinnehmbaren? Wie viele manipulierte Unfälle sind utilitaristisch vertretbar? Hundert? Tausend? Und was wird gezählt: die Unfälle, die Verletzten oder nur die Toten?

Den Mangel an Klärung dieser Fragen kann man der Ethik-Kommission kaum vorwerfen. Fragen von solcher Wucht fordern eine längere Debatte. Die Entwicklung der künstlichen Intelligenz wird nicht umsonst als eine der drei zentralen Dynamiken der Digitalisierung gesehen – neben dem Einfluss der Digitalisierung auf nachhaltige Umweltgestaltung und gesellschaftliche Prozesse.[84] Es ist ein Thema, das die „Zukunft des Homo Sapiens" betrifft, seine Identität, seine Souveränität, sein Wertesystem. Dass die Diskussion dazu maßgeblich vom Verkehrsministerium ausgeht, mag ebenso erstaunen wie dessen Schirmherrschaft für die Auszeichnung pädagogisch wertvoller Computerspiele. Gleichwohl erscheint die Zuständigkeitsregelung diesmal einigermaßen plausibel; immerhin wird die künstliche Intelligenz am Steuer autonomer Autos in absehbarer Zeit das Geschehen auf deutschen Straßen bestimmen. So lag es nahe, dass der Verkehrsminister im Frühjahr 2016 die Ethik-Kommission Automatisiertes und Vernetztes Fahren einberief.

Die Fragen, die der Befund offenlässt, illustrieren, dass sich technische Erneuerungen gesellschaftlich nicht mit der Geschwindigkeit umsetzen lassen, die betriebs- und volkswirtschaftlich gewünscht wird. Die Frage, vor der wir als Gesellschaft stehen, lautet: Nehmen wir uns die Zeit, solch ethische Probleme zunächst ausführlich und idealerweise demokratisch zu verhan-

---

83 Ethik-Kommission Automatisiertes und Vernetztes Fahren, S. 23.

84 Wissenschaftlicher Beirat der Bundesregierung Globale Umweltveränderungen, *Hauptgutachten: Unsere gemeinsame digitale Zukunft*, Berlin 2019, S. 307–329 (https://issuu.com/wbgu/docs/wbgu_hg2019?fr=sM2JiOTEyNzMy).

deln, oder gibt die Politik auch hier der Ökonomie die Vorfahrt vor der Ethik mit dem Mandat, die Digitalisierung unter Höchstgeschwindigkeit voranzutreiben, „ohne Wenn und Aber“ nach dem Motto: „Digital first. Bedenken second“?

Der Verkehrsminister jedenfalls nahm sich nicht die Zeit. Er wartete den Bericht seiner Ethik-Kommission gar nicht erst ab, gab dem Gesetz zur Einführung des automatisierten Fahrens schon vorher grünes Licht. Hatte die Kommission also nur eine Alibifunktion, mit der sich die Staatsräson absichert? Denn unbestreitbar ist ja auch, welch wirtschaftliche Katastrophe es bedeuten könnte, würde die deutsche Autoindustrie durch übereifrige Wächter bürgerlicher Grundwerte ihren Marktanteil an die Konkurrenz verlieren. Offenbar stand die Entscheidung schon vor der Analyse fest: Das autonome Auto soll und muss kommen, ganz gleich, welche Bedenken die Mitglieder von Ethik-Kommissionen hervorbringen. Auf der Ebene der großen Politik lassen sich die Dinge auch am TÜV vorbei auf den Weg bringen, und zwar umso leichter, wenn die Bürger mit der Einhaltung der Verkehrsregeln beschäftigt sind statt mit kriminalpolizeilicher Medienreflexionen.

7 Digitalbürger

Die verschwörungstheoretische Unterstellung, die Politik bevorzuge aufmerksame Verkehrsteilnehmer gegenüber wachsamen Staatsbürgern, erscheint weniger übertrieben als vorerst gemeint, betrachtet man die Kommentare aus verschiedenen Ländern zur aktuellen Bildungspolitik. So sprechen Kritiker des Schweizer Lehrplans 21 von „verordneter Unmündigkeit", die „Gesinnungssoldaten für kostensparende Untertanenideologie" produziere.[85] Beobachter der deutschen Szene beschreiben die Neoliberalisierung und Ökonomisierung des Bildungssystems als Reduktion von „Bildung auf Kompetenz" und „Haltung auf Verhalten", was den Verlust „eigenständiger Kritik- und Urteilsfähigkeit – nach Humboldts Staatstheorie Bedingung und Folge von Freiheit zugleich!" mit sich bringe.[86] Für die USA wiederum geißeln die Philosophinnen Martha Nussbaum und Wendy Brown das aktuelle Bildungskonzept als Produktion „nützlicher Maschinen statt allseits entwickelter Bürger" und warnen davor, die Bedeutung der „geisteswissenschaftlichen Bildung für eine demokratische Staatsbürgerschaft" zu unterschätzen.[87] Und die

---

85 Regula Stämpfli: „Lehrplan 21: Gesinnungssoldaten für Untertanenideologie" in: Alain Pichard, Beat Kissling (Hg): *Einspruch! Kritische Gedanken zu Bologna, Harmos und Lehrplan 21*, Uetendorf 2016 (Eigenverlag), S. 10. Ebd., S. 45, bezeichnet Markus Waldvogel den Lehrplan 21 als „verordnete Unmündigkeit".

86 Christoph Türcke: *Lehrerdämmerung. Was die neue Lernkultur in den Schulen anrichtet*, München 2016, S. 18 (Reduktion von Bildung auf Kompetenz); Volker Bank: „Vom Wert der Bildung", in: *Wozu Bildungsökonomie?* Fachtagung des Deutschen Lehrerverbandes 2011, Berlin 2012, S. 21–33, hier 21 (Humboldts Staatstheorie).

87 Martha C. Nussbaum: *Nicht für Profit. Warum Demokratie Bildung braucht*, Überlingen 2012, S. 16 (nützliche Maschinen); Brown, Die schleichende Revolution (wie Anm. 40, S. 38), S. 241 (demokratische Staatsbürgerschaft).

Politologin Danielle Allen kritisiert die Verengung der Bildungsanstrengungen auf MINT-Fächer, was keine gute Grundlage sei für das „Aufrechterhalten einer konstitutionellen Demokratie über längere Zeiträume“: „Die Bildung, wie wir sie derzeit praktizieren, verringert die Wahrscheinlichkeit, dass junge Menschen sich zu teilhabenden Individuen entwickeln“, nötig seien daher „öffentliche Investitionen für den Wiederaufbau der geistes- und gesellschaftswissenschaftlichen Elemente des Bildungssystems“.[88]

Wie berechtigt auch immer diese Kommentare sein mögen, sie bezeugen die weit verbreitete Sorge, dass die Langzeitinvestition in eine demokratische Gesellschaft zugunsten kurzfristiger wirtschaftlicher Interessen vernachlässigt wird. Die vermehrt erhobene Forderung nach Informatikunterricht ist zwar einleuchtend und lässt sich mit Verweis auf Douglas Rushkoffs Buch *Program or be Programmed* (2010) sogar über arbeitsmarktpolitische Erwägungen hinaus als Beitrag zur persönlichen Emanzipation positionieren. Aber es wäre so kurzsichtig wie das dahinterstehende Konzept der instrumentellen Medienbildung, wollte man glauben, dass Informatikunterricht den Menschen davor schützt, programmiert zu werden. Als ginge es nur darum, Hackerangriffe auf den eigenen Computer abzuwehren. Um ein extremes, gut bekanntes Beispiel zu nehmen: Das staatsbürgerliche Bewusstsein, das Edward Snowden dazu bewog, die antidemokratischen Aktivitäten der eigenen Regierung aufzudecken, entstammt wohl weniger seinen Informatikkursen als dem Ethikunterricht oder wie auch immer das Fach hieß, in dem an seiner Schule die Grundlagen der Demokratie, die Heldentaten ihrer Vorkämpfer und die historische Rolle des zivilen Ungehorsams vermittelt wurden. Ein Extrembeispiel, wie gesagt, das, ebenso

88 „Danielle Allen über ‚Politische Gleichheit‘: Warum alle mitbestimmen müssen“, Interview im Deutschlandfunk Kultur, 30.8.2020 (www.deutschlandfunkkultur.de/danielle-allen-ueber-politische-gleichheit-warum-alle.2162.de.html?dram:article_id=483214).

wie zehn Jahre zuvor Katharine Teresa Guns Whistleblowing zur Völkerrechtswidrigkeit des Zweiten Irakkrieges, in seiner Bewertung auch liberal eingestellte Menschen spaltet. Einig aber wird man sich darin sein, dass gesellschaftliche Freiheiten und demokratische Rechte nicht nur erkämpft, sondern auch – in beiden genannten Fällen mit hohen persönlichen Opfern – verteidigt werden müssen und dass es dazu Einsichten und Motivationen braucht, die kaum im Zuständigkeitsbereich der MINT-Fächer generiert werden.

Programmieren mag das Denken trainieren, soweit es um mathematische Logik geht, es kommt jedoch darauf an, auch das Denken über das Programmieren zu üben. Es reicht nicht, programmieren zu können, man muss auch die gesellschaftlichen Konsequenzen des Programmierens verstehen. Man muss nicht nur wissen, wie ein Algorithmus funktioniert, man muss auch wissen, wie er die menschliche Situation ändert – was keineswegs immer mit Staatsgeheimnissen zu tun hat. Um das Verhältnis zwischen Mediennutzungs- und Medienreflexionskompetenz, zwischen verkehrs- und kriminalpolizeilicher Medienbildung an einem Beispiel zu erklären: Die Bedeutung von „Ranking" und „Sortiertheit" als ontologische und ideologische Organisations- und Hierarchisierungsform lässt sich auch dann verstehen, wenn man nicht mit einem Sortierungsalgorithmus wie Quicksort vertraut ist. Die gesellschaftlichen Kollateralschäden von Scoring-Verfahren und Telematik-Tarifen im Versicherungswesen (der Wechsel vom Solidarprinzip zur Individualisierung von Risiken) lassen sich auch dann diskutieren, wenn man keine Spezialkenntnisse in Statistik besitzt. Ein Informatikunterricht, der diese Vertrautheit und Spezialkenntnisse im Technischen vermittelt, ohne jenes Verständnis für das Gesellschaftliche zu entwickeln, wäre keine Ermächtigung des Bürgers gegenüber den Gefahren der Programmierung, sondern lediglich Ausrichtung der Schüler auf den Arbeitsmarkt.

Die Sorge, dass Medienbildung immer wieder nur auf das

verkehrspolizeiliche Modell ausgerichtet wird, bestätigt sich, wenn auch unter dem Stichwort „digital citizenship" nicht viel mehr als Medien*nutzungs*kompetenz vermittelt wird: die Fertigkeit des Multitasking und der multimodalen Kommunikation, die Fertigkeit zu Networking, Kollaboration, Navigation, Informationssuche und Ergebnisauswertung sowie – angesichts von Falschmeldungen und Verschwörungstheorien in der Tat immer wichtiger – die Fertigkeit der Quellenkritik und Qualitätsbewertung sowie des klugen Umgangs mit Trolling und Cybermobbing. Das sind unverzichtbare Fertigkeiten, ohne Frage. Dennoch zielt eine solche Staatsbürgerlichkeit (die natürlich nicht selbst digital ist, sondern den Prozess der Digitalisierung meint) kaum auf ein kritisch-reflexives Verhältnis zum gesellschaftlichen Umfeld und seiner medialen Aspekte. Vielmehr geht es um das Erlernen der Verkehrsregeln für ein reibungsloses, positives Interaktionserlebnis in der vernetzten Gesellschaft. Es geht, wieder und noch immer, nur um einen Computerführerschein, wie die Anbieter es auch selbst sagen: „So wie Fahrunterricht die jungen Menschen darauf vorbereitet, hinter dem Lenkrad zu sitzen, so bereitet Digital Citizenship sie darauf vor, den Information-Superhighway gefahrlos und selbstsicher zu befahren."[89]

Noch einmal, um Missverständnissen vorzubeugen: Nichts ist gegen die Vermittlung solcher Fahrfertigkeiten einzuwenden – außer sie sind schon alles, was unter staatsbürgerlicher Verantwortung im Zeitalter digitaler Medien verstanden wird. Die hier

---

89 „At CyberWise we believe that Digital Citizenship is the first step to Media Literacy. Because, just like Driver's Education prepares young people to get behind the wheel of a car, Digital Citizenship prepares them to navigate the Information Superhighway safely and confidently. [...] The powerful technologies that most kids carry around in their pockets connect them with the world in new ways that can be both positive and negative. Digital Citizenship is a preemptive measure that helps tip the balance towards positive online interactions."
(www.cyberwise.org/what-is-digital-citizenship;
vgl. www. youtube.com/watch?v=lKlJOxwyMWU).

beworbene kriminalpolizeiliche Ausrichtung der Medienbildung soll die verkehrspolizeiliche nicht ersetzen, sondern ergänzen. Denn natürlich reicht es nicht, über das ethische Dilemma künstlicher Intelligenz am Steuer autonomer Fahrzeuge zu spekulieren oder über Hänschen und den menschlichen Erfindungsdrang, ohne zu wissen, wie man Falschmeldungen erkennt und Trollen ausweicht. Aber man sollte eben auch den Zusammenhang zwischen den Geschäftsbedingungen der sozialen Netzwerke und den Falschmeldungen diskutieren, den Zusammenhang zwischen dem Ende der Gatekeeper und den Umtrieben der Trolle, den Einfluss des Internets auf die Demokratiefähigkeit der Bürger und die Demokratisierungsstandards der Gesellschaft. Solche Diskussionen schreiten vom Pragmatischen der Schadensbegrenzung zum Prinzipiellen der Ursachenforschung voran. Sie zielen darauf, das Zusammenspiel der ökonomischen, kulturellen und technischen Aspekte der Digitalisierung zu verstehen. Sie konzipieren den *digital citizen* nicht als verlässlichen Verkehrsteilnehmer, sondern als besorgten Bürger seiner immer stärker von digitalen Medien bestimmten Gesellschaft.[90]

In ihrem Buch *Die schleichende Revolution: Wie der Neoliberalismus die Demokratie zerstört* betont Wendy Brown, dass es fatal wäre, Demokratien so zu betrachten, als würden sie „ein technisch kompetentes Humankapital erfordern und nicht gebildete Menschen, die sich am öffentlichen Leben und der gemeinsamen

---

90 In diesem Sinne Karen Mossberger, Caroline J. Tolbert und Ramona S. McNeal: *Digital Citizenship – The Internet, Society and Participation*, Cambridge, MA, 2008, S. 2, wo unter den zu untersuchenden „aspects of participation in society online“ auch „the impact of Internet use on the ability to participate as democratic citizens; and the effects of the Internet on the equality of opportunity in the marketplace“ einbezogen ist. Ebenso gesellschaftspolitisch ausgerichtet Akwugo Emejulu und Callum McGregor: „Towards a Radical Digital Citizenship in Digital Education“, in: *Critical Studies in Education*, 1/2019, S. 131–147.

Herrschaft beteiligen"; fatal wäre es, Bildung darauf zu reduzieren, Menschen für den Arbeitsmarkt „betriebsbereit" zu machen.[91] Genau dies geschieht jedoch, wenn Lehrgänge zur „Digital Citizenship" vor allem auf die Erziehung von „produktiven und zuverlässigen Nutzern digitaler Technologien" zielen.[92] Das ist nicht nur nicht genug, es degradiert auch den Begriff des Citizen, der klassisch die politische Sorge über die Belange der unmittelbar eigenen Interessen hinaus symbolisiert. Diese Entwertung bestimmt die Debatten und Konzepte zur Medienbildung. Sie entspricht einem rein ökonomischen Verständnis von Demokratie und fördert deren Erosion, wie deutlich wird, sobald man die bildungspolitische Ausrichtung aus einer politikwissenschaftlichen Perspektive betrachtet.

Der kanadische Philosoph und Politologe Charles Taylor warnte in einem Aufsatz unter dem Titel „Wieviel Gemeinschaft braucht die Demokratie?" vor mehr als einem Vierteljahrhundert vor einem ökonomisch ausgerichteten Demokratieverständnis. Dessen zentrale Vorstellung besteht darin, „dass die politische Form der Gesellschaft ein von der Gemeinschaft in Anspruch genommenes Instrumentarium ist, das den Zielsetzungen ihrer Mitglieder, seien es Individuen oder Gruppen, unterworfen ist."

---

91 Brown, Die schleichende Revolution (wie Anm. 40, S. 38), S. 211 (technisch kompetentes Humankapital) und 230 (betriebsbereit).

92 Mike Ribbles und Gerald Baileys Buch *Digital Citizenship in Schools*, Washington 2007, S. 2 („productive and responsible users of digital technologies"), vgl. S. 10: „Digital citizenship can be described as the norms of appropriate, responsible behaviour with regard to technology use." Zur institutionellen Umsetzung eines solchen Ansatzes vgl. Ruth G. Kane, Nicholas Ng-A-Fook, Linda Radford und Jesse K Butler: „Conceptualizing and contextualizing digital citizenship in urban schools: Civic engagement, teacher education, and the placelessness of digital technologies", in: *Citizenship Education Research Journal/Revue de Recherche Sur l'éducation à La Citoyenneté*, 6/1 (2016), S. 24–38. Die didaktisierte Fortführung dieses Ansatzes ist der *Ask a Tech Teacher*-Weblog und dessen Publikation *K-8 Digital Citizenship Curriculum* (2013) mit Lektionen für alle Altersstufen vom Kindergarten bis zur achten Klasse.

Die Recheneinheit dieser, wie Taylor es nennt, „ökonomischen Theorie" der Demokratie, ist der wahlberechtigte Bürger. Werden dessen Zielsetzungen und Wünsche nicht in höchst möglicher Zahl beachtet und erfüllt, kommt es am Wahltag zu einem Wechsel der politischen Führung – so wie Konsumenten den Anbieter wechseln, wenn sie mit einem Produkt unzufrieden sind. Es ist diese Konsumentenhaltung, worin Taylor das Problem sieht: „Dieses Modell der Demokratie vernachlässigt gerade das, was von jeher als die Tugend und Würde des Bürgers, als ‚Bürgerschaft' (*citizenship*) angesehen wurde: dass Menschen sich aktiv an der Regierung ihres Gemeinwesens beteiligen".[93]

Taylor argumentiert implizit als Hegelianer, wenn er das Individuum, das bei Hegel dem „sittlichen Staat" als „substantieller Einheit" und „höchster Pflicht" unterstellt ist, auf das Gemeinwesen ausrichtet, an dem in einer funktionierenden Demokratie unbedingt festzuhalten sei. Das mag befremdlich sein vor allem für Deutsche, deren Geschichte gezeigt hat, welch gefährliche Folgen das emphatische Konzept der normativen Wertegemeinschaft haben kann, was Hegel schließlich auch den Vorwurf einbrachte, Vordenker des Totalitarismus zu sein. Versteht man den „Patriotismus", den Taylor ohne Hegel zu nennen anruft, so verfassungspolitisch wie sein Geistesverwandter Jürgen Habermas, wird man jedoch wie Taylor die Lebensgrundlage der Demokratie darin sehen, „dass ihre Mitglieder sich als Beteiligte am gemeinsamen Unternehmen der Wahrung ihrer Bürgerrechte verstehen". Das ökonomische Demokratiemodell hingegen – Taylor nennt es auch „parasitär", der deutsche Soziologe Stephan Lessenich nennt es später „Output-Demokratie", die nach ihrer

93 Charles Taylor: „Wieviel Gemeinschaft braucht die Demokratie?" in: *Transit: Europäische Revue*, Nr. 5 („Gute Gesellschaft", Winter 1992/93), S. 5–20, zitiert nach: www.iwm.at/transit/transit-online/wieviel-gemeinschaft-braucht-die-demokratie.

Befriedigung der materiellen Interessen bewertet wird[94] – spiegelt die Korrumpierungseffekte der Konsumkultur, die der „heutige Kapitalismus" mit sich bringe. Dieser Kapitalismus „der – oft multinationalen – Großkonzerne" zieht zum einen „Macht von den Institutionen der Partizipation ab, um sie auf bürokratische Organisationen zu übertragen, die sich dem Prinzip der Verantwortung entziehen." Zum anderen „verleitet uns die Ideologie des Konsums dazu, in diesen Verzicht auf Verantwortung einzuwilligen im Tausch gegen das Versprechen auf weiter wachsenden Lebensstandard." Im Ergebnis dieser Entwicklung gefährde Partizipation „nur noch das reibungslose Funktionieren des Systems", werde „Demokratie als gemeinsame Quelle der Bürgerwürde in Frage gestellt."[95]

Man denkt bei dieser Beschreibung heute unweigerlich an China, dessen Führung den Mangel an demokratischer Mitbestimmung sehr erfolgreich durch das Versprechen wachsender Konsummöglichkeiten erkauft. Als Taylor den Text schrieb, rechnete kaum jemand damit, dass sich der chinesische Staatskapitalismus einmal ernsthaft als Alternative zum Modell der liberalen Demokratie empfehlen würde. Ebenso wenig war vorauszusehen, dass heute nur ein Drittel der Millennials in Nordamerika und Westeuropa es noch als „essentiell" betrachten würde, in einer Demokratie zu leben, die Mehrheit also die ökonomische Leistungsfähigkeit der Staatsform, unter der sie lebt, über ihren Freiheitsaspekt stellt.[96]

---

94 Stephan Lessenich: *Grenzen der Demokratie: Teilhabe als Verteilungsproblem*, Stuttgart 2019, S. 78.

95 Für das deutsche Modell des Verfassungspatriotismus vgl. vor allem Jürgen Habermas; für eine amerikanische Variante vgl. Kwame Anthony Appiah: „Cosmopolitan Patriots", in: *Critical Inquiry* 23, 1997, S. 617–639.

96 Robert Stefan Foe, Yascha Monk, „The Danger of Deconsolidation: The Democratic Disconnect", in: *Journal of Democracy* 3/27 (2016), S. 5–17, hier: 7.

Diese Werteverschiebung, diese Abkehr vom Politischen lässt sich bis zu den Anfängen der Digitalisierung beziehungsweise des Internets als gesellschaftliches Phänomen zurückführen. Wenige Jahre nach Taylors Aufsatz charakterisiert ein Bericht über die Geburt der „digitalen Nation" deren Mitglieder als „libertär, materialistisch, tolerant", aber eben auch „postpolitisch". Die Bürger dieser Nation sind meritokratische Individualisten, die einerseits niemandem vorschreiben wollen, wie er oder sie leben soll, andererseits sich aber auch nicht dafür verantwortlich fühlen, wie andere leben können. Der Artikel beschreibt den Unterschied anhand einer wohlbekannten Metapher: „If liberals say, ‚Here's the tent: we have to get everyone inside', and conservatives say, ‚Here's the tent: we don't want it to get too crowded inside', the postpolitical young say, ‚Here's the tent: everyone is welcome – but everyone has to figure out how to get inside on his or her own.'"[97] Die Politikwissenschaft würde diese Position im Spannungsfeld von Freiheit und Gerechtigkeit als Akzentuierung Ersterer beschreiben, also als Wahl des Individuums über die Gemeinschaft.

Das gedankliche Fundament der so beschriebenen digitalen Nation hatte schon damals einen Namen: „Californian Ideology" – die Verbindung des „free-wheeling spirit" der Hippies mit dem „entrepreneurial zeal" der Yuppies.[98] Es ist die Dotcom-Variante des Neoliberalismus, ein „reactionary modernism", der, als „economic progress and social immobility", den ökonomischen Fortschritt vom sozialen entkoppelt.[99] Zwar wurde immer betont, das

97 Jon Katz, „Birth of a Digital Nation", in: *Wired*, 5.4.1997. (http://archive.wired.com/wired/archive/5.04/netizen_pr.html).

98 Richard Barbrook und Andy Cameron, „The Californian Ideology", in: *Mute*, 1.9.1995; revised version 2000: www.imaginaryfutures.net/2007/04/17/the-californian-ideology-2.

99 Richard Barbrook, „Cyber-Communism: How The Americans Are Superseding Capitalism In Cyberspace", in: *Science as Culture* 9/1 (1999), S. 5–40.

Internet stärke als *electronic agora* und *electronic marketplace* demokratische Rechte und soziale Sicherheiten. Aber es war recht bald klar, dass es sich dabei lediglich um den bequemen Selbstbetrug der „virtual class" handelte. Heute ist der Enthusiasmus über den Demokratiegewinn durch das Internet auch bei der gutgläubigen Mehrheit verflogen. Geblieben ist der postpolitische, parasitäre Staatsbürger als ein höchst problematischer Held unserer Zeit – und das bildungspolitische Modell einer Mediennutzungskompetenz, das den Hippie-Yuppies der Start-ups und IT-Giganten bestens ins Konzept passt.

Die Überlegungen zum *ökonomischen Demokratiemodell* und zur *kalifornischen Ideologie* schärfen den Blick für bestimmte Vorgänge im Kontext der Medienbildung. Wenn unter dem Begriff *digital citizenship* vor allem die Fähigkeit vermittelt wird, digitale Medien sicher und effektiv zu nutzen, nicht aber, ihre Folgen für die Gesellschaft (oder das Gemeinwesen) zu reflektieren, illustriert dies bildungspolitisch den Wechsel vom Homo politicus zum Homo oeconomicus. Das damit einhergehende semantische Kidnapping besteht in der Abstufung des politisch wie philosophisch aufgeladenen Begriffs des engagierten Staatsbürgers auf die Funktion eines kompetenten Verkehrsteilnehmers, der Hyperattention und Multitasking bestens beherrscht und geschickt falsche Informationen, unaufrichtige Freundschaftsanfragen und bedrohliche Trollattacken zu umfahren weiß. Wie gesagt, das sind alles wichtige Fähigkeiten, die es zu vermitteln gilt. Aber die Staatsbürgerschaft, die hier aufgerufen wird, zielt nicht auf die Sorge des Bürgers um die Gesellschaft, sondern allein darauf, wie man selbst in dieser zurechtkommt. Sie entspricht dem pragmatisch-funktionalistischen Lernkonzept, das die Vertreter der digitalen Bildungsrevolution gegen jede pathetisch verstandene Bildung in Stellung bringen.

Das zentrale Argument ist dabei der bei Schülern schon immer beliebte Spruch, dass man nicht für die Schule lernt, sondern für das Leben: „Ein Stoff, ein Thema als Gegenstand eines Unterrichts, ohne ein ‚Wozu' und ‚Wozu für mich', führt zur Paukschule und Paukuniversität."[100] Eine Wozu-Frage, die pedantisch auf den Nachweis der Praxis- und Berufsrelevanz des Lehrstoffs zielt, ist einerseits illoyal gegenüber der Kultur des Wissens und passt zum anderen perfekt zur Logik des Homo oeconomicus, dem es nicht um Bildung an sich geht, sondern, in Browns Formulierung, um die „Steigerung seines Portfoliowertes". Diese Ausrichtung auf die unmittelbaren Interessen des Individuums ist das logische Pendant zum ökonomischen Demokratiemodell. Beides übersieht die Dialektik des Egoismus.

Es gehört zum Einmaleins der Gewerkschaftsarbeit, dass sich die Unterdrückung des Individuums am nachhaltigsten über dessen Isolierung organisieren lässt. Die Trennung des Individuums von der Gruppe ist, wie cool auch immer Ich-AG-Hipster sich vorkommen mögen, letztlich nichts anderes als seine Konditionierung zur Konformität. Anpassung ist nicht nur das Ziel autoritärer Systeme. Sie ist auch eine höchst willkommene Nebenwirkung des Neoliberalismus, der gnadenlos jeden Menschen einzeln in den Wettkampf um Lebenschancen schickt.[101] Was die digitalen Medien betrifft, so wurde die Dialektik des Selbstbezugs 2016 zum ironischen Motto für den Kongress des Chaos Computer Clubs (CCC): „Works for me". Natürlich, so die Implikation, funktionieren die neuen Medien weder für Individuen noch für Unternehmen wirklich problemlos, wie nicht nur Hackerangriffe und unkontrollierter Datenhandel zeigen. Die Mahnung des CCC ist unverkennbar: Die Herausforderungen der neuen Medien – von der Sicherheit über die Verlässlichkeit bis zu den Werten – lassen sich nur auf der Wir-Ebene lösen. Die Frage, die der CCC

---

100 John Erpenbeck und Werner Sauter: *Stoppt die Kompetenzkatastrophe!: Wege in eine neue Bildungswelt*, Heidelberg 2016, S. 26.

101 Cornelia Koppetsch: *Die Wiederkehr der Konformität. Streifzüge durch die gefährdete Mitte*, Frankfurt am Main 2013.

mit seinem Kongresstitel in die Debatte schmuggelt: Does it work for us?

Auf diesen Perspektivenwechsel kommt es auch in bildungspolitischen Konzepten zur Medienkompetenz an. Die übliche Frage, wie *ich* die Medien zielsicher und gefahrlos nutzen kann, darf nicht die Untersuchung darüber blockieren, wie die Medien *unsere* Situation als Menschen ändern. In einer solchen Untersuchung geht es weniger um den *Text* der Verkehrsregeln als um ihren *Sinn*, Ziel ist nicht das Lernen, sondern Hinterfragen. In einer solchen Ausrichtung drückt sich jene Bürgerschaft aus, die für Taylor – und Nussbaum und Brown und Allen und viele andere – die Grundlage einer stabilen Demokratie darstellt. In einer solchen Ausrichtung verkommt Zukunftsgestaltung nicht zur Karriereplanung, sondern kümmert sich um die „Systemrisiken im Digitalen Zeitalter", die der „Wissenschaftliche Beirat der Bundesregierung Globale Umweltveränderungen" (WBGU) auf drei zentralen Ebenen sieht: die Gefährdung der Privatheit und Entmachtung des Individuums, die Unterminierung deliberativer Entscheidungsprozesse und sozialer Solidarität, die Machtkonzentration von IT-Unternehmen.[102] Aus einer solchen Ausrichtung heraus konzipiert der WBGU in seinem Hauptgutachten *Unsere gemeinsame digitale Zukunft* eine „Zukunftsbildung" mit deutlich anderer Gewichtung der zu vermittelnden Kompetenzen.

1. *Transformationskompetenzen*, die auf „ethisch-normative Fragen als Orientierung in der Gestaltung des Neuen" zielen: „kognitive Flexibilität und Komplexität, kritisches, innovatives Denken und Umgang mit Unsicherheit und Verlust". Hierzu gehört, was oben unter den Stichworten Kritikfähig-

102 Vgl. WBGU, Unsere gemeinsame digitale Zukunft (wie Anm. 84, S. 78), S. 318.

keit und Ambiguitätstoleranz eher den geistes- als den naturwissenschaftlichen Fächern zugeordnet wurde.

2. *Nachhaltigkeitskompetenzen*, „ausgerichtet auf die Zielbestimmung, dass neu entstehende technologische, soziale, institutionelle und ökonomische Lösungen menschliches Wohlergehen innerhalb planetarischer Leitplanken und unter Wahrung von Würde und Diversität ermöglichen sollen." Das betrifft Aspekte wie Vermessung, digitale Tagelöhnerschaft und Transparenz der Algorithmen.
3. *Antizipationskompetenzen*, zum Beispiel die „gezielte Suche nach abweichenden Sichtweisen" und die „Sensibilität für strukturelle Macht etablierter Wissensbestände und Praktiken" – also so viel wie Technikfolgenabschätzung und Ethik der Fernverantwortung.
4. *Digitalkompetenzen*, die dem entsprechen, was hier als Mediennutzungskompetenz gefasst wurde: „das Verständnis für digitale Technologien, Methoden und Optionsräume, der Umgang mit digitalen Medien und Wissensquellen, digitale Geschäftsmodelle und soziotechnische wie psychologische Effekte digital vermittelter Kommunikation oder Steuerung."[103]

Dieses Konzept einer *nachhaltigen* Bildung für die Zukunft im Zeichen der Digitalisierung kommt dem nahe, was das Bildungs- und Schulleitungssymposium *Bildung 5.0? Zukunft des Lernens – Zukunft der Schule* 2017 im Schweizer Zug als Kriterien einer adäquaten Bildung für die Zukunft vorgab: „eine stärkere Perspektivenorientierung auf Persönlichkeitsentwicklung, Mündigkeit, Förderung von Gemeinschaftssinn, Selbstverantwortung, verantwortungsvolle Partizipation an der Demokratie und achtungsvollen Umgang mit der fragilen Umwelt". Der Fort-Schritt von *Bildung 4.0* zu *Bildung 5.0* ist die Rückkehr vom Homo

103 Ebd., S. 387f.

oeconomicus zum Homo politicus. Zusammen mit dem Zukunftskonzept des WBGU und Taylors Demokratieaufsatz lässt er keinen Zweifel daran, was Bildung vor allem leisten muss, wenn sie eine nachhaltige Daseinsvorsorge für eine Zukunft im Zeichen des Digitalen fördern will.

Um die Rückkehr vom Homo oeconomicus zum Homo politicus plastisch zu machen: Während der Homo oeconomicus sich fragt, wie er das Rankingverfahren in sozialen Medien im Sinne individueller Wettbewerbspositionierung optimal nutzen kann, und den Impuls des Widerspruchs darauf reduziert, Überwachungskameras zu überlisten, thematisiert der Homo politicus die gesellschaftlichen Folgen von Überwachung und Ranking und engagiert sich für eine entsprechende Gesetzgebung. Während das neoliberale Ich wissen will, wie man seine Wohnung am profitabelsten auf Airbnb vermieten kann, ist das staatsbürgerliche besorgt, dass Airbnb, Uber und andere Plattformbetreiber prekäre Arbeitsverhältnisse schaffen und damit den Sozialfrieden der Gesellschaft zerstören. Der *digital citizen* Taylor'scher Art fragt nicht, wie man den Einsatz von Algorithmen zur Klassifizierung individueller Interessen und Bedürfnisse verbessern kann, sondern nach den gesellschaftlichen Folgekosten von Klassifizierungsverfahren – und danach, wann man Algorithmen besser nicht einsetzen sollte. Ohne diesen *digital citizen* gäbe es keine Kampagne wie *Stop Hate for Profit*, die einflussreiche Unternehmen im Sommer 2020 dazu brachte, Facebook durch einen Werbeboykott zu zwingen, rigoroser gegen Hassrede und rechtsradikales Gedankengut auf seiner Plattform vorzugehen. Die ökonomische Macht der Konsumenten, die so zu erreichen versucht, was die Politik sich durchzusetzen scheut, wäre nichts, verstünden die „digitalen Staatsbürger" sich nur als Homo oeconomicus im Modus der Selbstoptimierung.

Vor diesem Hintergrund wird klar, worum es wirklich geht, will man die junge Generation, wie es immer heißt, auf die Herausforderungen der digitalen Zukunft vorbereiten. Das schwächste

Argument für ein solches Vorhaben ist die Umstellung des Unterrichts auf digitale Medien und Plattformen, auf *distant* oder *computer based learning*. Das ist in Zeiten einer Pandemie sicher sinnvoll und verspricht auch darüber hinaus den Zugewinn an Immersion und Engagement in und mit dem Schulstoff. Unklar aber bleibt, inwiefern das eine bessere Vorbereitung auf die digitale Zukunft wäre und nicht nur eine methodisch andere Art, den Schulstoff zu vermitteln. Überzeugender ist in dieser Hinsicht die Forderung nach einem Pflichtfach Informatik, das Kenntnisse und Fertigkeiten zu den digitalen Medien vermittelt und somit tatsächlich auf gewisse Herausforderungen der digitalen Zukunft vorbereitet. Allerdings verriete es ein sehr eingeschränktes Verständnis von Zukunft, wollte man darin schon die Lösung sehen. Der Informatikunterricht mag eine gute Vorbereitung auf die Herausforderungen des digitalen Arbeitsmarktes sein und in gewisser Weise auch auf die Gefahren, die mit der Digitalisierung einhergehen: Hacking, Privacy, ungenaue Codes, unsaubere Datensätze, voreingenommene Algorithmen. Werden aber auch die sozialen, kulturellen, philosophischen Folgen der Digitalisierung im Informatikunterricht behandelt? Qualifiziert ihre Ausbildung die Informatiklehrerinnen dazu?

Nichts spricht gegen eine kulturphilosophische Ausbildung von Informatikstudenten. So lange jedoch die geisteswissenschaftliche Erweiterung technischer Fächer eine bloße Zukunftsidee bleibt, ist man gut beraten, auf die Kompetenzen der geistes- und gesellschaftswissenschaftlichen Fächer zu setzen. Die Aufgabe dieser Fächer liegt primär nicht in der Vermittlung von Fahrtüchtigkeit für die Datenautobahn, wie dem effektiven Einsatz der Suchmaschine, der Produktion multimedialer Kommunikationsangebote oder der Einhaltung der Netiquette. Die Aufgabe dieser Fächer liegt in der Vermittlung von Fertigkeiten, die in umfassender und nachhaltiger Weise auf die Herausforderungen der Digitalisierung reagieren: zum einen durch die Diskussion der gesellschaftlichen Konsequenzen der digitalen Medien, hier als Medienreflexionskompetenz eingeführt – zum anderen durch die Sicherung jener *alten*, ‚analogen' Kompetenzen, die unter den Kommunikationsbedingungen der digitalen Medien gefährdet sind: vom geduldigen Zuhören über die konzentrierte Lektüre komplexer Texte bis zur ergebnisoffenen, sachlichen, toleranten, selbstkritischen Diskussion.

Ob die Diskussion der gesellschaftlichen Konsequenzen der digitalen Medien und die Rettung der Diskussionskultur unter den Bedingungen der digitalen Medien dann Medienbildung heißt, weil es um die gesellschaftlichen Transformationsprozesse der digitalen Medien geht, oder Zukunftsbildung, weil es um die verantwortungsbewusste Mitgestaltung dieser Transformationsprozesse geht, ist hier sekundär. Hier, wo es um das Prinzipielle der Bildungspolitik geht statt um die Details der Schulfachgestaltung, genügt es, an eine Feststellung von höchster bildungspolitischer Stelle zum Verhältnis von Medien und Demokratie zu erinnern: „Ob neue Medien dabei zu mehr Demokratie und zu mehr gesellschaftlicher Freiheit führen oder aber das eine wie das andere auch einschränken und bedrohen können, hängt wesentlich von ihrem kompetenten Gebrauch ab. Mangelnde Medienkompetenz beschränkt die Möglichkeiten des Einzelnen zur politischen Mitwirkung und kulturellen Partizipation. Medienbildung ist somit Teil politischer Bildung und trägt zur Ausgestaltung unserer auf Freiheit, Gerechtigkeit und Solidarität ausgerichteten Gesellschaft bei."[104]

Rund zehn Jahre später ist klar, dass dieser „kompetente Gebrauch" nicht bloß eine Frage der technischen Kompetenz ist. Im Gegenteil, Kompetenz bezeugt sich mitunter gerade darin, den Dispositionen – und Versuchungen – der digitalen Medien zu widerstehen und eine Diskussionskultur zu pflegen, die das We-

104 Medienbildung in der Schule, Beschluss der Kultusministerkonferenz vom 8.3.2012, S. 4. (www.kmk.org/fileadmin/Dateien/veroeffentlichungen_beschluesse/2012/2012_03_08_Medienbildung.pdf).

sen – oder die Botschaft – der digitalen Medien ausbalanciert. Klar ist auch, dass die großen Worte der Kultusministerkonferenz über die politische Funktion der Medienbildung wenig bewirken ohne einen prinzipiellen Richtungswechsel in der Bildungspolitik: vom Bildungsmodell 4.0 zum Bildungsmodell 5.0, vom Homo oeconomicus, besorgt um die Steigerung seines Portfoliowertes, zum *digital citizen*, besorgt um die Verfassung der Gesellschaft.

Nachwort

Die Risikoethik zur künstlichen Intelligenz wurde von einem ihrer bekanntesten Vertreter als „Philosophie mit einer Deadline“[105] bezeichnet: Es gibt einen Stichtag, an dem ein theoretisches Problem gelöst sein muss, bevor es in die Praxis entlassen werden kann. Dieses vorausschauende Philosophieren ist besonders wichtig, wenn es um die Entwicklung künstlicher Intelligenz geht, deren Folgen nicht vorhersehbar und wahrscheinlich unumkehrbar sind. Spätestens wenn die KI beginnt, eigene Entscheidungen zu treffen, muss geklärt sein, ob und wie der Mensch sie unter Kontrolle halten kann. Der Stichtag in der Risikoethik ist das Stoppschild in der Verkehrsordnung, das die Weiterfahrt erst erlaubt, wenn man sicher sein kann, dass keine Gefahr droht. Als der Verkehrsminister das Gesetz zur Einführung des automatisierten Fahrens durch den Bundestag brachte, ohne den Bericht der einberufenen Ethik-Kommission abzuwarten, überfuhr er dieses Stoppschild mit Höchstgeschwindigkeit.

Diese Raserei erstaunt keineswegs. Politik, die naturgemäß lieber im ersten oder zweiten Gang unterwegs ist, sieht sich in der hochdynamisierten spätmodernen Gesellschaft zunehmend getrieben von der Wirtschaft: von ihren Prozessen, Zwängen, Lobbys. So kommt die Ethik leicht unter die Räder. Das zeigt nicht nur das Beispiel dieser Kommission, sondern auch das der erwähnten EU-Kommission zur Erarbeitung ethischer Richtlinien für die Entwicklung künstlicher Intelligenz, wo Vertreter der Industrie durchsetzten, dass die von den Ethikern geforderten unverhandelbaren „roten Linien“ – wie das Verbot, Bürger automatisiert zu identifizieren oder mittels künstlicher Intelligenz

---

105 Bostrom, Superintelligenz (wie Anm. 43).

zu bewerten – im Kommissionsbericht nur noch als „Bedenken" auftauchen, die keineswegs bindend sind. Zudem sorgte die von der Industrie dominierte Zusammensetzung dieser Kommission (von 52 Mitgliedern kamen 26 aus der Industrie, nur vier aus der Ethik-Forschung) dafür, dass die Warnung vor den unabsehbaren Langzeitfolgen der KI-Entwicklung lediglich als Fußnote erschien.[106] Das verhindert jene richtungsweisenden Einschränkungen, die von industriefernen Akteuren wie den Datenschutzaufsichtsbehörden gefordert werden: „Nicht alles, was technisch möglich und ökonomisch erwünscht ist, darf in der Realität umgesetzt werden."[107]

Die Bundesregierung operierte bis zur Corona-Krise eher umgekehrt: Was ökonomisch nützlich war, wurde gemacht. Ein Beispiel dafür ist die Mahnung der Bundeskanzlerin auf dem 9. Nationalen IT-Gipfel im November 2015, im Interesse der Wettbewerbsfähigkeit nicht an den Datenschutzstandards des 20. Jahrhunderts festzuhalten, damit Deutschland nicht den Anschluss an Industrie 4.0. verliere und zur „verlängerten Werkbank" der Weltwirtschaft verkomme. Wohl auch aus diesem Grund bestimmte die von Politikern vorgebrachte Kritik an der Überführung unserer persönlichen Daten in ein ökonomisches Verwertungsmodell nicht den Bundestagswahlkampf 2017.[108] Die

---

106 Zur Entstehungsgeschichte der „Ethics guidelines for trustworthy AI" der EU-Kommission (https://ec.europa.eu/digital-single-market/en/news/ethics-guidelines-trustworthy-ai) vgl. Chris Köver, Alexander Fanta: „Keine roten Linien: Industrie entschärft Ethik-Leitlinien für Künstliche Intelligenz", in: Netzpolitik.org, 8.4.2019 (https://netzpolitik.org/2019/keine-roten-linien-industrie-entschaerft-ethik-leitlinien-fuer-kuenstliche-intelligenz).

107 *Hambacher Erklärung zur Künstlichen Intelligenz* der Datenschutzaufsichtsbehörden des Bundes und der Länder am 3.4.2019 (www.datenschutzkonferenz-online.de/media/en/20190405_hambacher_erklaerung.pdf).

108 Martin Schulz: „Technologischer Totalitarismus. Warum wir jetzt kämpfen müssen", FAZ, 6.2.2014

Politik soll der Wirtschaft freie Fahrt geben, statt ihr Steine in den Weg zu legen. Denn wenn die Wirtschaft im Stau steht, so der politische Allgemeinplatz, komme auch die Gesellschaft nicht voran.

Wie das Jahr 2019 zeigte, ist diese Prioritätensetzung nicht länger unantastbar. Damals wandte sich die *Fridays for Future*-Bewegung vehement, und ohne jede ‚politische Vernunft', wie es nicht selten hieß, gegen ein Wirtschaftsmodell, dessen Wachstumsdrang die Gesellschaft auf eine Klimakatastrophe zusteuert. Was in der Risikoethik zur künstlichen Intelligenz die Deadline ist, vor der die Risiken geklärt sein müssen, das ist in der Risikoforschung zum Klimawandel der Tipping-Point, nach dessen Überschreitung die Katastrophe sich selbst verstärkt. Deswegen ist für viele Klimaschützer jedes ‚Weiter-so' fatal, selbst wenn es mit E-Autos und „smart technology" erfolgt. Sie beharren auf einem radikalen Systemwandel, der die Ökologie nicht länger der Ökonomie unterstellt.

Dieser Systemwandel schien 2019 möglich durch den Druck der Straße. 2020 ist er durch die Erfahrung der Corona-Krise erneut ins Gespräch gekommen: die Erfahrung, dass das Überleben der Gesellschaft nicht vom Markt, sondern nur vom Staat gesichert werden kann, und die Erfahrung, dass man sich durchaus arrangieren kann mit bisher als unzumutbar betrachteten Einschnitten in liebgewonnene Gewohnheiten. Diese Doppelerfahrung führt zu einer Umkehr im Verhältnis von Politik und Wirtschaft und erlaubt, die Krise als Chance zu verstehen. Man verspricht sich ein anderes Lebens- und Wirtschaftsmodell, das solidarisch, klimaverträglich und nachhaltig zukunftssichernd operiert. Man fordert, Faktoren der Daseinsvorsorge wie

---

(www.faz.net/aktuell/feuilleton/debatten/die-digital-debatte/politik-in-der-digitalen-welt/technologischer-totalitarismus-warum-wir-jetzt-kaempfen-muessen-12786805.html).

das Gesundheits- und Bildungssystem (aber auch Wirtschaftsunternehmen) von der Rentabilitätslogik zu entkoppeln, um sie sozialer und ökologischer ausrichten zu können. Man hofft auf eine Korrektur des Neoliberalismus durch eine Politik, die Gesellschaft nicht vom Markt her denkt, sondern von ihrer systemrelevanten Infrastruktur.[109]

Der existentielle Grund dieser Erwartung ist die Einsicht, dass nach der Krise vor der Krise ist: weil in einer globalisierten Welt mit weiteren Pandemien zu rechnen ist, weil die Klimakrise auch nach Corona virulent bleibt und weil die Digitalisierung unkontrollierbare Risiken birgt. Für Risikoethiker lehrt gerade Covid-19, Gefahren nicht zu unterschätzen, sondern jeweils nach dem „Hedging-Prinzip" zu handeln: Man sichert sich gegen den Worst Case ab, sofern die Kosten der dazu ergriffenen Maßnahmen weit unter denen bleiben, die beim Eintreten des Worst Case entstehen würden – und zwar auch, wenn die Mehrheit der Experten das Worst-Case-Szenarium ausschließt. Es ist nicht ohne Ironie, und taktisch gewiss nicht unklug, dass sich die Ethik der Fernverantwortung heute mit Begriffen der Finanzindustrie ausdrückt. Entscheidend ist das Ergebnis: die Anwendung dieser Grundregel der Risikoabsicherung im Aktienhandel auch auf den Klimawandel und die künstliche Intelligenz. Die Annahme, KI werde nie in den Status einer sich selbst generierenden, unkontrollierbaren starken KI gelangen, entledigt sich ebenso vorschnell und ungesichert der Möglichkeit des schlimmsten Falles wie im Kontext von Covid-19 der anfangs selbst unter Spezialisten populäre Vergleich mit einer saisonalen Grippe. Aus risikoethischer Perspektive gilt es hier, auf Vorrat zu denken und rechtzeitig Stoppschilder aufzustellen, oder eben rote Linien zu ziehen. Dies ist zumal deswegen geraten, weil den Menschen

---

109 Beispielhaft für diese Hoffnung ist der Jenaer Soziologe Hartmut Rosa, beispielhaft für die Gegenposition sein Münchner Kollege Armin Nassehi."

einerseits nichts als der eigene Innovationswille zur Eile drängt und andererseits, sollte er die Steuermacht über die KI doch verlieren, der Schaden weit verhängnisvoller sein kann als die Fehleinschätzung einer Pandemiegefahr.[110]

Dieses ‚vorausschauende Fahren' ist in der hier benutzten Metaphorik nicht verkehrs-, sondern kriminalpolizeilich verankert. Es wird nicht trainiert durch das Pauken der Verkehrsregeln, sondern durch den kritischen Blick auf deren Sinn und Folgen. Es wird trainiert in Kommissionen, Beiträgen zum öffentlichen Diskurs und eben in Bildungseinrichtungen wie der Schule – sofern sich diese nicht nur als Ausbildungsstätte für den Arbeitsmarkt versteht, sondern vor allem dem Ziel verpflichtet fühlt, ein aufgeklärtes und kritisches Bewusstsein für gesellschaftliche Prozesse wie die Digitalisierung zu entwickeln. Gerade die Diskussion um die Corona-App hat gezeigt, welchen Unterschied eine gut aufgestellte zivilgesellschaftliche Öffentlichkeit ausmacht, die Demokratie nicht ökonomisch-parasitär versteht, sondern partizipativ-aktivistisch. Es sind jene Bürger, die kritisch das negative Potenzial einer zunächst als unvermeidlich erscheinenden Technologie betrachten, die uns vor chinesischen und russischen Verhältnissen hinsichtlich der Corona-Bekämpfung mit technischen Mitteln bewahrt haben. Das ist eine Hypothek, die man nicht leichtfertig riskieren sollte, zumal man nicht voraussetzen kann, dass die Regierung verlässlich von sich aus den richtigen Weg einschlägt.[111]

Im Kontext der Corona-Krise eine digitale Schultransformation zu fordern, die den Akzent auf das Lernen mit und das Er-

---

110 Zum Zusammenhang der Katastrophen und zum Mangel an risikoethischen Erwägungen zur KI-Sicherheit vgl. den Abschnitt „Zoonosen, Klimawandel und Künstliche Intelligenz" im Kapitel „Nach der Katastrophe ist vor der Katastrophe" in Mukerji/Mannino, *Covid-19* (wie Anm. 54, S. 47) S. 93–105.

111 Vgl. dazu das Kapitel „Trac(k)ing-App" in meinem Buch *Das Virus und das Digitale*, Wien 2020, S. 41–54.

lernen der digitalen Medien setzt, bevorzugt die technische Aufrüstung der Schulen und die Zukunftsfähigkeit der Schüler für den digitalen Arbeitsmarkt gegenüber der zivilgesellschaftlichen Daseinsvorsorge. Man muss diese Orientierung gar nicht verschwörungstheoretisch aufladen. Schon das ehrlich gemeinte Bemühen ist nicht ohne Schuld. Denn der Blick reicht dann nur bis zur Stoßstange des Autos vor mir. So, sagen Fahrschullehrer, entstehen Auffahrunfälle.